HEYNE BÜCHER

Von Jeanne Philippi ist
als Heyne-Taschenbuch erschienen:

Mein Hund und ich · Band 01/8275

JEANNE PHILIPPI

MEINE KATZE UND ICH

Der Katze aus
der Seele gesprochen —
eine heitere
Charakterkunde
für liebevolle
Katzeneltern

WILHELM HEYNE VERLAG
MÜNCHEN

HEYNE ALLGEMEINE REIHE
Nr. 01/8368

Lizenzausgabe mit Genehmigung des Scherz Verlag,
Bern und München

Wilhelm Heyne Verlag GmbH & Co. KG, München
Printed in Germany 1992
Umschlagillustration: Gruner + Jahr Fotoservice/Junge, Hamburg
Innenillustrationen: Andreas Reiner, Fischbachau
Umschlaggestaltung: Atelier Ingrid Schütz, München
Druck und Bindung: Pressedruck, Augsburg

ISBN 3-453-05297-8

Vorwort

Dieses Buch will Anregungen und Kenntnisse geben, wie sich's zum Wohl aller Beteiligten vergnüglich miteinander auskommen läßt. Es will Ihnen helfen, die eine oder andere Eigenart Ihres Schützlings besser zu verstehen und zu akzeptieren.

So wie die Gestirne Einfluß auf uns Menschen ausüben, so prägen sie auch Charakter und Wesen unserer Haustiere. Möglicherweise werden Sie beim Lesen – vielleicht gar nicht so zufällig – Parallelen zu dem einen oder anderen Ihnen nahestehenden Zweibeiner entdecken. Kein Wunder, leuchten doch die Sterne für uns alle – für Mensch und Tier.

Ob Sie nun eine edle Rassekatze, eine robuste Bauern- oder typische Hauskatze besitzen – in jedem Fall wünsche ich Ihnen viel Freude bei der Lektüre.

Jeanne Philippi

*Dieses Buch möchte ich meiner
geliebten Mischlingskatze
September widmen,
die nach dem Monat benannt ist,
in dem sie mir zulief.*

Inhalt

Widder

21. März bis 20. April

Herrschender Planet: Mars
Element: Feuer
Temperament: cholerisch
Glücksstein: Rubin

Vorherrschende Eigenschaften bei Menschen

Positiv: selbstbewußt, aufgeschlossen,
dynamisch, hilfsbereit, willensstark,
witzig, ritterlich

Negativ: mürrisch, unnahbar, stur,
unwirsch, launisch,
triebstark

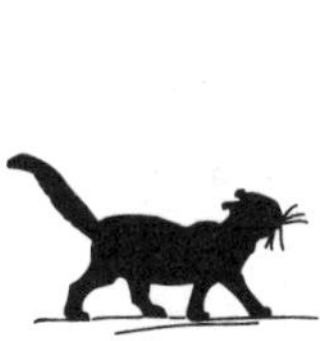

So erkennen Sie eine Widder-Katze

Der schon legendäre Eigenwille von Katzen wird im Sternzeichen WIDDER sozusagen maximiert. Ebenso das ausgeprägte Selbstbewußtsein. Schauen Sie einer WIDDER-Katze doch mal tief in die wachen Augen. Wer wohl wendet zuerst den Blick ab? Zu neunundneunzig Prozent nicht Ihr pelziges Gegenüber, sondern Sie. Aber auch ohne dieses «Wer-gewinnt?»-Spiel läßt sich dieses Sternzeichen sofort bestimmen. Wie Ihnen vielleicht bekannt ist, bewegen sich Katzen in den verschiedensten Gangarten: vom Schritt über Trab bis zum Galopp. Selbst den Paßgang eines Kamels führen sie verblüffend echt vor. Nicht so die WIDDER-Katze. Für sie kommt nur eine Form der Bewegung in Frage: der Galopp! Sprengt also eine Katze in Wildpferd-Manier an Ihnen vorüber, ist die Sache astrologisch fast klar. Zeigt sich zudem das Fell in zerzaustem Zustand, läßt sich ein drahtiger, durchtrainierter Körper ausmachen, dann ist es mit größter Wahrscheinlichkeit eine Mars-Katze.

Natürlich bewegt sich eine (selten) ermüdete WIDDER-Katze gelegentlich auch gemächlicher. Ausnahmen bestätigen ja bekanntlich die Regel. Gewöhnlich aber treffen Sie diese regen Tiere in Unrast an, strotzend vor Aktivität und Tatendrang. Auf Kalorientabellen und komplizierte Diäten können WIDDER-Katzen verständlicherweise verzichten. Figurprobleme sind ihnen fremd. Selbst ältere Semester zeigen höchstens feine Ansätze von Wohlstands- oder Ruhestandsspeck.

Auch das Fell gibt Aufschluß über die kosmische Herkunft dieses Feuer-Tieres. Ob es sich um eine gestromte Hauskatze, eine Siamkatze, eine blütenweiße Langhaarkatze oder um einen pechschwarzen Kater handelt – stets tönt ein zarter Rotschimmer das widdrige Fellkostüm.

Wenn Sie die Entscheidung WIDDER oder nicht WIDDER noch immer nicht zu treffen wagen, probieren Sie's mal mit folgendem Härtetest: Man nehme ein Näpfchen und fülle es mit einem kräftigen Obstler (nur feinste Qualität). Ein wohltemperierter

Widder

«Kühler aus dem Norden» wäre auch nicht falsch. Noch bevor Ihnen ein wohlmeinendes «Prost» über die trockenen Lippen kommt, ist das köstliche Naß von einem waschechten WIDDER aufgeschlabbert. Denn ob Katzendame oder -herr: Leiblichen Genüssen steht dieses Tierkreiszeichen niemals ablehnend gegenüber.

Wie ein Widder-Katzenkind aufwachsen möchte

Gerade WIDDER-Kätzchen kommt die Trennung von Mutter und Geschwistern hart an. Nicht etwa aus sonderlich stark ausgeprägtem Familiensinn oder Traditionsbewußtsein heraus. Nein, einfach weil sie Gesellschaft und Geselligkeit über alles schätzen. Völlige Isolation von andern Tieren ist für Ihr Katzenkind kaum tragbar. Sie werden vielleicht einwenden, gerade Katzen seien doch als typische Einzelgänger bekannt. Aber nicht die WIDDER-Katze. Es sei denn, sie hätte einen JUNGFRAU- oder STEINBOCK-Aszendenten oder viele Planeten in diesen Tierkreiszeichen. Dann wäre es immerhin denkbar, daß sich Ihr Katzenkind mit nur gelegentlichen Umweltkontakten zufriedengibt. Die aber sind ein absolutes Muß. Jedenfalls hängt es bestimmt ständig an Ihrem Schürzenzipfel. Auch wird es versuchen, Sie und andere Familienmitglieder permanent zu neckischen Spielchen zu animieren.

Gerade in der Entwöhnungsphase von seiner Katzenfamilie sollten Sie darum den Terminkalender nicht mit zu vielen Verpflichtungen außer Hauses füllen. Häufiges Alleinsein kann bei Ihrem maunzenden Winzling zu schweren Verhaltensstörungen führen. Laden Sie Freunde, Bekannte oder Nachbarskinder zu sich ein. Ihr marsisches Temperamentsbündel wird es Ihnen danken, wenn immer ordentlich Leben in der Bude ist. Viel besser aber: Nehmen Sie noch ein Kätzchen in Ihre Hausgemeinschaft auf. Sehen Sie nun mit blankem Entsetzen vor Ihrem geistigen Auge beide Katzen Fäden ziehend den teuren Teppich auflösen oder in Tarzan-Manier in Ihren duftigen Gardinen hangeln? Dann versuchen Sie es mit einem Hund. Über einen Hund freut sich Ihr WIDDER-Kätzchen mindestens ebenso. Hier nämlich irrt der Volksmund: Hund und Katz können in ausgesprochen glücklicher Zweisamkeit miteinander leben. Vorausgesetzt, einer von beiden steckt zum Zeitpunkt des Kennenlernens noch in den Kinderschuhen. Ich selbst habe so ein ungleiches Paar besessen. Es war bei den beiden *die* große Liebe, vom ersten bis zum letzten Blick. Wie auch immer, für Ihre WIDDER-Katze ist es von höchster Wichtigkeit, so viele Umweltkontakte wie möglich zu haben.

Eine leise Problematik wirft die Frage nach geeigneten Erziehungsmethoden für Ihren kleinen WIDDER auf. Wie sag ich's meinem Katzenkind..., daß die geschmackvolle Seidentapete an der Wand, das Polster von Opas Lieblingssessel heil und der Blumentopf auf der Fensterbank bleiben soll? Auf keinen Fall im barschen Befehlston. Mit erhobener Stimmlage vorgebrachte Wünsche werden grundsätzlich ignoriert. Fairerweise sag ich es gleich geradeheraus: Nicht Sie werden Ihr Kätzchen erziehen, Ihr Kätzchen wird Sie lehren umzudenken. Das mag übertrieben klingen, aber warten Sie mal ab. Plötzlich ertappen Sie sich bei ketzerischen Reformgedanken gegen Althergebrachtes. Eigentlich ist diese geblümte Tapete in Seide scheußlich, stimmt's? Und der Samtbezug von Opas Lieblingssessel ist doch längst passé. Die Blumentöpfe auf den Fensterbänken kommen Ihnen plötzlich spießig vor, und die blöde Gießerei ödet Sie sowieso an.

Natürlich läßt sich die Sache mit dem Umdenken kaum hundertprozentig realisieren. Aber das macht nichts. Ihr kleiner Sonnenschein ist durchaus bereit, sich zu arrangieren. WIDDER sind lebhaft und verspielt, aber keine notorischen Möbelkiller. Ein paar Federn werden Sie zwar lassen müssen. Ist aber *ausreichend* geeignetes Katzenzubehör im Haus, haben Sie wenig zu befürchten. Sparen Sie nicht am falschen Ort, stellen Sie besser in jedem Zimmer einen Katzenbaum auf und sorgen Sie für diverse Bällchen, Wollknäuel, Rasseln, Spielzeugmäuse usw.

Um bei diesen Besorgungen Zeit zu sparen (Sie wissen ja, daß Ihr Katzenkind Alleinsein haßt), ist es ratsam, sich vor dem Besuch einer Zoohandlung telefonisch zu erkundigen, ob dort ein entsprechend umfangreiches Sortiment vorhanden ist.

Wenn sich Ihr Kätzchen schließlich nach ausgelassenem Treiben genüßlich im Korb mit der frisch gebügelten Wäsche zusammenrollt, ist auch Ihnen eine wohlverdiente Pause vergönnt. Mit Zeit und Muße zum Nachdenken, ob Sie auch wirklich alles richtig gemacht haben. Kaum sind Sie darüber eingenickt, spüren Sie plötzlich etwas Warmes, Weiches auf Ihrem Schoß: Ihr geliebtes Katzenkind, das Ihre zweifelnden Gedanken unter kosender Hand wohlig schnurrend mit einem Ja beantwortet.

Wie Sie das Herz einer Widder-Katze erobern

Ganz einfach: Zeigen Sie klar und deutlich, wer Herr im Hause ist – wer also die Hosen anhat (auch wenn Sie ein Frauchen sind). Ja, Sie haben richtig gelesen. Antiautoritäre Freundschaften zwischen Vier- und Zweibeiner schätzt ein WIDDER nicht, sie verunsichern ihn und lassen nicht das Gefühl des Geliebt- und Geborgenseins aufkommen. Und beides braucht gerade diese zumindest nach außen so eigenwillig und schwer anpassungsfähig scheinende Mars-Katze im Übermaß. Schlägt doch unter struppigem Pelz ein ebenso verletzliches wie nach Liebe und Zuneigung lechzendes Herz. Das aber verschenkt sie nur an den, der weiß, wo der Barthel seinen Most holt. Der also weiß, wo's langgeht, und der was kann. Und zwar das kann, was WIDDER-Katzen interessiert. Sie müssen sich nun nicht gleich zum ausgebufften Mäusejäger oder zirkusreifen Seiltänzer ausbilden lassen. Obwohl es nicht schaden würde, wenn Sie wenigstens eine dieser Disziplinen beherrschten. Aber es genügt im Prinzip, wenn Sie kein Langweiler sind und immer neue Ideen und Anregungen parat haben.

Beim WIDDER zeigt sich eine rasche Auffassungsgabe gepaart

mit praktischer Intelligenz. Gewiß gibt es auch Katzen unter diesem Tierkreiszeichen, die intellektuell angehaucht sind. Doch zählen sie eher zu einer mageren Minderheit. Um also das Leittier für Ihren Liebling zu werden, sind einige Kostproben Ihres Ideenreichtums und Könnens zu erbringen. Bei allen Aktivitäten gilt: Was sich nicht bewegt, interessiert die WIDDER-Katze kaum. (Wenn das die Mäuse wüßten!) Drehen Sie den Wasserhahn auf, betätigen Sie die Klospülung, schalten Sie den Fernseher ein und aus, drücken Sie auf die Türklingel. Ihr Katzenmädchen wird sich ebenso wie Ihr Katzenjunge mächtig für solche Tätigkeiten begeistern und sie nachahmen wollen.

Was technisches Interesse anbelangt, macht die Natur zwischen Kätzin und Kater keinen Unterschied. Wären sie Zweibeiner, könnte man eine Menge Ingenieurinnen und Ingenieure unter ihnen finden. WIDDER suchen Aufgaben. Bald schon können sie ebenfalls den Wasserhahn aufdrehen, das Klo spülen und die Klingel läuten lassen.

Eine Freundin von mir teilte 16 Jahre lang Freud und Leid mit ihrem waschechten WIDDER-Kater Erwin. Und mehr noch: auch das sogenannte «stille Örtchen». Wann immer sie diese Stätte verließ, mußte die Tür offenbleiben, damit Erwin den Wasserhahn noch mal auf- und zudrehen und die Klospülung betätigen konnte. Auch bei Besuch von Gästen zählte dies zum festen Ritual. Es war eben Erwins Aufgabe, und er erfüllte sie voller Hingabe. Was übrigens auch für die TV-Fernbedienung galt, die dieser Kater wie eine Klaviatur beherrschte.

Apropos Klavier: Ein solches Instrument im Haus sichert Ihnen möglicherweise nicht die Sympathie der Nachbarn, bestimmt aber die Ihrer WIDDER-Katze. Zwar sind Mars-Tiere nicht unbedingt hochmusikalisch, dafür aber ausgesprochene Musikliebhaber. Ihre mit samtenen Pfoten kreierten Kompositionen werden vielleicht nicht um jeden Preis melodisch, sicherlich aber laut sein.

Frische Luft ist für pelzige WIDDER fast noch wichtiger als das Wasser im Näpfchen. Diese Katzen sind nun mal keine Stubenhocker. Als ideal erweisen sich eingebaute Katzentürchen an der Terrassen- oder Kellertür. Ansonsten eine Glocke an der Haus- oder Wohnungstür mit langer Klingelschnur. Im Nu lernt Ihr begabtes Tier, diese ausdauernd und mit Begeisterung zu ziehen. Stadtkatzen schätzen Attika- oder Parterrewohnungen. Sie wohnen so, daß Ihre Katze allein gar nicht raus kann? Dann versuchen Sie am besten, Ihren WIDDER an die Leine zu legen (nicht ganz einfach).

Auf kaum einen Reiz reagieren WIDDER-Katzen stärker als auf interessante Gerüche – vornehmlich aus der Küche. Kochen Sie also gut und möglichst exotisch. Die Mühe lohnt sich – geht doch gerade bei Ihrem sinnesfreudigen WIDDER die Liebe nicht zuletzt durch den Magen.

Intensiver Körperkontakt sollte über allen andern Aktivitäten keinesfalls vernachlässigt werden. Schnuppern Sie am rosigen Näschen Ihres Lieblings, reiben Sie Ihr Gesicht an seinem Köpfchen. Kraulen Sie den struppigen Nacken – ausdauernd! Wohlig schnurrend wird sich Ihr Feuer-Tiger an Sie schmiegen und zu Ihnen aufblicken. In den großen, wachen Augen sind Vertrauen und Liebe zu lesen. Zu Ihnen – dem geliebten Leittier.

Die Widder-Katze in Gesellschaft

Sie möchten wieder mal Gäste einladen? Wie schön! Eine größere Freude können Sie einer WIDDER-Katze kaum bereiten. «Man soll die Feste feiern, wie sie fallen» . . ., dieser Spruch könnte von einem Mars-Tiger stammen.

Ob Kätzin oder Kater: Selbstverständlich will sich Ihr Tier an der Festivität aktiv beteiligen. Darum empfiehlt es sich, bereits bei der Planung die Wünsche Ihres Lieblings mit einzubeziehen. Stellen Sie sich einfach vor, Ihre Katze würde einladen – dann lassen sich gravierende Fehler leicht vermeiden. Streichen Sie jeden von der Gästeliste, der gähnende Langeweile verbreitet, humorlos ist und die Meinung vertritt, daß Katzen ins Körbchen gehören. Setzen Sie auch den Rotstift bei jenen an, denen Förmlichkeit und Etikette alles bedeuten. Ein bunt zusammengewürfelter Haufen, sprühend vor Witz und Geist, allzeit zu einem kleinen Schabernack aufgelegt – unter solchen Kriterien geladene Gäste schließen trotz kätzischer Allgegenwart größere Pannen aus.

Ein Wort zum Speisefahrplan. Hier dürfen Sie Ihrer Phantasie getrost freien Lauf lassen – und tief in die Gewürzschublade greifen. Selbst ein ordinärer Nudelsalat findet Gnade, wenn zumindest ein Spritzer Worcester-Sauce dran ist. Lediglich fade schmeckende oder völlig phantasielos zubereitete Speisen können auf deutliche Ablehnung stoßen (geräuschvolles Ausspukken oder Erbrechen).

Bereits bei der Begrüßung der Gäste darf Ihre Katze nicht übergangen werden! Es genügen aber ein paar anerkennende Worte, damit sich das Zeremoniell nicht endlos dehnt. Nach Verzehr der lukullischen Genüsse zieht sich Ihr Liebling vermutlich zwecks Verdauungsschläfchen ein wenig zurück. Gedämpftes Geplauder und Musik in niedrigster Zimmerlautstärke werden nun als angenehm empfunden. Schon bald taucht er aber gut erholt und munter wieder in Ihrer fröhlichen Runde auf. Mit lebhaftem Interesse verfolgt er hitzige politische Diskussionen, und wenn die Zeit für ein Spielchen naht, wird er gerne seine Geschicklichkeit demonstrieren. Feurige Tiere lieben es, in Gesellschaft zu brillieren.

Wenn Ihr lebhafter Schatz Anzeichen von Müdigkeit zeigt, sollten Sie allmählich die Mäntel aus dem Schlafzimmer holen. Ein schläfriges Pelztier schätzt es nämlich nicht, durch albernes Partygekicher in seinem wohlverdienten Schlummer gestört zu werden. Aber auch ein schlaftrunkenes WIDDER-Kätzchen läßt sich überlisten, noch ein Stündchen auszuharren. Teilen Sie Ihre Gäste gerecht zum Streicheldienst ein – wohlig schnurrend vergißt es die Zeit und behält den Abend als äußerst gelungen in Erinnerung.

Wenn eine Widder-Katze ihr Herz verliert

Nachts sind alle Katzen grau, heißt es. Wo immer dieser sinnige Spruch seinen Ursprung fand, gab es offensichtlich keine WIDDER auf Liebespfaden. Ob Kätzin oder Kater: Ist die Glut der Leidenschaft entfacht, sprühen sie förmlich Funken. Mit brennenden Augen irrlichtern sie nächtelang durchs Revier. Gemäß ihrem zügellosen marsischen Temperament kann nichts und niemand diese agilen Wesen davon abhalten, das Ziel ihrer Wünsche zu erreichen. Sollte Ihr Kater nicht kastriert sein, dann stellen Sie sich besser gleich darauf ein, daß er wenig Verständnis für Ihr Schlafbedürfnis zeigt, wenn in heller Mondscheinnacht das Leben vor der Haustür wartet. Mit durch Mark und Bein dringenden Liebesarien läßt er Sie und seine Angebetete wissen, daß es ihn gibt. Also lassen Sie Romeo raus und beten Sie, daß Julia nicht in allernächster Nähe beheimatet ist. Das lautstarke Balzritual Ihres feurigen Tieres kann sich leicht über Stunden hinziehen, und zwar nicht nur eine Nacht lang. Nicht weniger geräuschvoll geht's in Sachen Liebe bei Ihrer WIDDER-Katzendame zu. Völlig undamenhaft stimmt sie eindeutige Lockgesänge an, um potentiellen Freiern ihre Wünsche klar zu signalisieren.

In der Liebe zeigen sich WIDDER-Katzen beiderlei Geschlechts als hoffnungslose Idealisten. Sind sie doch hundertfünfzigprozentig davon überzeugt, daß der oder die Angebetete sie auch erhören wird. Läßt sich eine Kätzin aber zu leicht erobern, verliert ein ordentlicher WIDDER-Kater rasch das Interesse und wendet sich neuen Jagdgründen zu. Ist er umgekehrt jedoch nach dem zehnten Anlauf völlig abgeblitzt, bezieht er das gezeigte Desinteresse keineswegs auf seine Person. Die will eben nicht. Na und? Er weiß, daß ihm die Herzen zufliegen und an der nächsten Ecke schon die nächste Katzendame steht. Auch hält er nichts von jenen Schmusekatzen, die sich stundenlang damit begnügen können, ihrem feurigen Freier schnurrend in die funkelnden Augen zu schauen.

Genau wie Kater hat es auch die Mars-Kätzin nicht mit der absoluten Romantik. Nicht etwa, daß sie völlig unromantisch wäre. Aber bitte alles zu seiner Zeit. Erst mal möchte sie handfeste Beweise für die Glut und Leidenschaft ihres Anbeters erleben. Keinesfalls leidet sie unter mädchenhafter Scheu. Eine echte WIDDERIN tut eher den ersten Schritt, als ihre Zeit mit einem Wenn-und-aber-Langweiler zu vertrödeln. Entweder sie gefällt ihm oder nicht. Auch täuscht dieses selbstbewußte Tier niemals Leidenschaft vor, die es nicht empfindet. Warum auch? Halbe Sachen liegen ihm nicht, das gilt auch für ein Schäferstündchen.

Die Widder-Katze in Sachen Gesundheit und Reisen

Die typische WIDDER-Katze ist in ihrer Robustheit eigentlich nur noch mit Ziegen und Ratten vergleichbar. Hat sie aber dennoch ein körperliches Leiden befallen, dann ist stehenden Fußes der Tierarzt aufzusuchen. Ein kränkelnder Vertreter dieses Sternzeichens spielt nämlich gern den Helden. Das gilt für das zarte Kätzchen ebenso wie für den strammen Kater. Zimperlichkeit kennen sie nicht. So kann es vorkommen, daß Mars-Tiere fiebernd oder mit eingetretenem Dorn im Pfötchen herumlaufen, als sei nichts geschehen. Wichtig ist deshalb, daß Sie stets ein wachsames Auge auf mögliche Zeichen einer Verletzung oder Erkrankung haben.

Ihre Feuerzeichen-Katze ist vor allem durch Infektionen, plötzliche heftige Fieberanfälle und zu hohen Blutdruck gefährdet. Bei letzterem besteht immerhin die Möglichkeit des Vorbeugens. Stellen Sie Ihren Haustiger gelegentlich auf den medizinischen Prüfstand. Am besten besorgen Sie sich ein eigenes Blutdruck-Meßgerät. Auch Kopf- und Schnittverletzungen und Beinbrüche ereignen sich vermehrt unter diesem Tierkreiszeichen. Kein Wunder! Versucht doch ein WIDDER sprichwörtlich, mit dem Kopf durch die Wand zu rennen, und betrachtet Begriffe wie Vorsicht und Umsicht als hochgradigen Schwachsinn.

Ist Ihre Katze einmal wirklich ernsthaft erkrankt, dann tut sie das durch gelegentliches klägliches Maunzen und jämmerliche Blicke kund. Kaum aber spürt sie erste Anzeichen einer Besserung, pflegt sie die Genesene zu mimen. Lassen Sie sich nicht durch noch so gekonnte Demonstrationen neuerwachter Lebenskräfte beeindrucken. Ein WIDDER ist nun mal kein geduldiger Patient, und so besteht die Gefahr, daß er, nur halb kuriert, Krankenlager und Fieberthermometer kurzentschlossen den Hintern zeigt. Das letzte Wort sollte deshalb stets der Tierarzt haben.

Als widdrige Schwachstelle erweisen sich auch die Zähne. Karies und andere dentistische Scheußlichkeiten hat dieses Tierkreiszeichen geradezu für sich gepachtet. Auch wenn Sie wahre Tobsuchtsanfälle damit auslösen: Der Zahnstein sollte in nicht zu langen Abständen entfernt werden. Zur regelmäßigen Pflege empfiehlt sich Zahnpasta mit Leber- oder Fischgeschmack. Zwar kaum sachgemäß benutzt, wird sie möglicherweise mit Genuß verzehrt und gelangt somit wenigstens an die Beißerchen.

Wie man oft hört, sind Katzen keine sonderlich reisefreudigen Tiere. Anders Ihr WIDDER-Tier. Bei der Wahl des Urlaubsziels gilt es aber unbedingt, ein paar Kleinigkeiten zu beachten. Meiden Sie Schickeria-Orte. Buchen Sie um Himmels willen auch keine Gruppenreise. Erstens ist Ihre Katze kein unmündiges Herdentier, und zweitens hassen WIDDER grundsätzlich sorgfältig Geplantes.

Wollten Sie schon immer mal die Schlösser der Loire bewundern? Oder andere ebenso sehenswerte wie uralte Gemäuer? Glauben Sie Ihrem pelzigen Freund: Da hat man nichts verpaßt. Ob Ihre Katze nun aristokratische Ahnen vorzuweisen hat oder einen schlichten Hauskatzenstammbaum: Optisches Kunstverständnis geht ihr völlig ab. Flugreisen sind ebenfalls nicht empfehlenswert. Nicht etwa, weil der WIDDER ungern fliegt – im Gegenteil. Doch pochen unverständige Fluglinien leider darauf, daß vierbeinige Passagiere den Flug in geschlossenen Behältern (total verhaßt) und in einem von Ihnen getrennten Raum verbringen. Ihre WIDDER-Katze würde Ihnen solche Mißstände sehr verübeln und Sie tagelang mit mißlaunigem und aggressivem Verhalten strafen.

Ihre WIDDER-Katze liebt wilde Romantik und strotzt vor Abenteuerlust. Am besten packen Sie einfach Ihre Siebensachen und fahren ins Blaue drauflos. Sie werden schon merken, wo es Ihrem Herzensschatz gefällt.

Stier

21. April bis 21. Mai

Herrschender Planet: Venus
Element: Erde
Temperament: phlegmatisch
Glücksstein: Saphir

Vorherrschende Eigenschaften bei Menschen

Positiv: gründlich, besonnen, vernünftig,
schöngeistig, ehrlich,
treu, langmütig

Negativ: unnachgiebig, verschlossen,
schwerfällig, eifersüchtig,
verfressen, starrsinnig

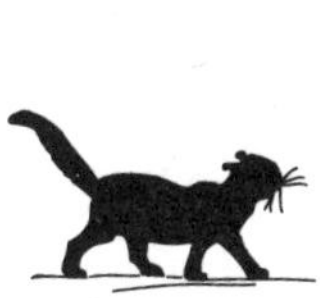

So erkennen Sie eine Stier-Katze

Der meist unergründliche Gesichtsausdruck von Katzen läßt sich beim bepelzten STIER leicht enträtseln. Halbgeschlossene Augen deuten bei diesem Tier nicht zwangsläufig auf konzentriertes Nachdenken oder Beutejagd-Absichten hin. Eine Art von Dämmerzustand ist optisch die Norm bei STIER-Katzen. Diese phlegmatischen Erdenbürger wollen in erster Linie ihre Ruhe haben und drücken das eindeutig durch entsprechende Mimik aus. Eine typische STIER-Katze aufgrund ihres äußeren Erscheinungsbildes zu identifizieren, ist relativ einfach. Unabhängig von Rasse und Geschlecht deuten eine breite, ausgeprägte Stirn und ein etwas massiver Knochenbau auf die kosmische Herkunft hin. Auch die gemächliche Gangart dieser bequemen Tiere läßt auf einen STIER schließen. Nur in seltenen Sternstunden nämlich können Sie eine Katze dieses Zeichens gehetzt durch die Gegend jagen sehen.

Sehr gut läßt sich solch ein Erdwesen auch an seiner ausgesprochen zurückhaltenden Art erkennen. Ob Katze oder Kater: Aufdringlich sind diese Tiere nie. Versuchen Sie mal, mit einem zuckersüßen «Na, wo ist denn das Kätzchen . . .» oder einer ähnlichen Schmeichelei eine STIER-Katze zu locken. Es kommt ihr kaum in den Sinn, sich schmusend und schnurrend an fremde Beine zu drücken. Höchstwahrscheinlich wird sie herzhaft gähnen und den Kopf graziös in eine andere Richtung drehen. Anmut und Grazie prägen die sanften Bewegungen einer STIER-Katze. Trotz ihres eher massigen Körperbaus wirken unter der Venus geborene Tiere selten plump.

Wenn Sie mit einer fremden STIER-Katze in Kontakt kommen möchten, gibt es nur eine, dafür aber unfehlbare Methode. Bieten Sie ihr ein paar leckere Happen an, und sie wird sich gnädig von Ihnen kraulen lassen. An und für sich sind diese Tiere stolz und unbestechlich – mit Eßbarem aber lassen sie sich durchaus ködern. Überhaupt läßt sich das Tierkreiszeichen STIER am Futternapf am besten bestimmen. «Zeige mir, wie du ißt, und ich

Stier

sage dir, wer du bist.» Diese goldene Regel kann man zu neunundneunzig Prozent anwenden. Setzen Sie diesem genußfreudigen Wesen einen wohlgefüllten Futternapf vor. Selbst eine halbverhungerte Venus-Katze wird ihr Futter niemals hektisch in sich hineinschlingen, sondern mit geradezu sinnlich anmutendem Genuß langsam und bedächtig die Mahlzeit zelebrieren. Und sie wird mit absoluter Sicherheit auch nicht das winzigste Krümelchen zurücklassen.

Wie ein Stier-Katzenkind aufwachsen möchte

Nicht selten ist ein Schälchen Milch der Anfang einer innigen Freundschaft zwischen Mensch und Katze. Bei einem STIER-Katzenkind jedenfalls können Sie gar nichts Klügeres tun, als zuallererst für das leibliche Wohl Ihres Schützlings zu sorgen. Auch wenn sich Ihr winziges, kläglich miauendes Etwas noch so schmerzzerrissen über die Trennung von seiner Katzenfamilie zeigt, wird es als echter STIER einen Imbiß dennoch nicht zurückweisen. Daß Kummer auf den Magen schlägt, kann man bei diesem Tierkreiszeichen kaum beobachten.

Die unübersehbare Tatsache, daß Ihr Kätzchen über einem gefüllten Napf alles Leid dieser Erde sofort vergißt, sollte Sie aber auch ein wenig vorwarnen. Ihr Zwergtiger ist nämlich ein ausgesprochener Fresser. Natürlich soll aus ihm eine prächtige Katzendame oder ein strammer Kater werden. Aber dazu sind wesentlich geringere Nahrungsmengen erforderlich, als sie Ihr STIERCHEN verdrücken kann. Es wird stets eine Gratwanderung bleiben, ihr STIERCHEN einerseits nicht zu mästen, sich aber andererseits auch nicht alle Sympathien zu verscherzen. Hier gibt's nur eins: Lenken Sie Ihr Katzenkind ab, wenn es bereits zwei Stunden vor der nächsten planmäßigen Fütterung den leeren Napf umkreist. Und fangen Sie erst gar nicht mit den «Zwischendurch-Leckerchen» an. Sollte Ihr Liebling trotz richtig bemessener Futterrationen zu dick werden, beobachten Sie ihn mal etwas genauer. Hat er vielleicht Gönner in der Nachbarschaft? Schließt Ihre Kühlschranktür nicht richtig, oder vergessen Sie gelegentlich, den Deckel auf noch halbvolle Töpfe zu tun? In Sachen Futterbeschaffung ist ein kleiner STIER unglaublich erfinderisch und entpuppt sich zudem als äußerst gewitzter Dieb.

Wären Tiere dieses Sternzeichens nun ausgesprochen lebhaft und quirlig, käme dem Thema Fütterung beziehungsweise Überfütterung gewiß nicht solche Bedeutung zu. Ihr Liebling aber pflegt grundsätzlich ein Verdauungsschläfchen einem Verdauungsspaziergang vorzuziehen. Jogging, Trimm-Trab oder ähnlich perverse Aktivitäten wurden gewiß nicht von einem STIER erfunden. Da schließt er sich schon eher Winston Churchills Ausspruch *No Sports* an. Ihr Erdkätzchen ist ein gemütlicher und träger Zeitgenosse, der sich am liebsten mit vollem Wanst in Ihrem Bett, einer offenen Wäscheschublade oder seinem Lieblingssessel zusammenrollt.

Das alles soll nun beileibe nicht heißen, daß sich ein STIER-Kind nur für sein leibliches Wohl interessiert. Seien Sie fröhlich mit Ihrem Kätzchen. Spielen Sie so oft wie möglich mit ihm, allein wird es sich nur selten dazu aufraffen. Bevorzugt sind sämtliche Unterhaltungsmöglichkeiten, die kein hektisches Gebaren voraussetzen. Eine besondere Freude bereiten Sie Ihrem Tier mit einer elektrischen Eisenbahn. Nicht etwa, daß es sich besonders für Technik interessiert. Nein, es kann sich ganz einfach daran ergötzen, wie der Zug im Kreis herumfährt. Eine Miniatur-Landschaft aus grünen Wiesen mit vielen Blumen erhöht das Vergnügen noch. Denn Blumen schätzt und liebt dieses Katzenkind fast über alles. Verwandeln Sie Ihren Garten oder Ihre Wohnung in ein Blütenmeer – Ihr Kätzchen wird es Ihnen mit Sicherheit danken.

Um das Katzenglück abzurunden, sollten Sie nicht vergessen, sich Zeit für ausgiebiges Schmusen zu nehmen. Legen Sie sich auf den Rücken und ziehen Sie das weiche und warme Etwas auf Ihren Bauch. Schließen und öffnen Sie langsam die Augen und gähnen Sie hin und wieder kräftig, genau wie Ihr Katzenkind das zu tun pflegt. Damit gewinnen Sie sein Vertrauen und geben ihm das Gefühl der Geborgenheit und Sicherheit, die gerade das STIER-Kind haben muß wie kaum ein anderes Tierkreiszeichen.

Wichtig ist außerdem, darauf zu achten, daß ein STIER unbedingt einen geordneten Tagesablauf braucht, speziell im Entwicklungsalter. Zu viel Hektik und Unregelmäßigkeiten können Ihr Tier nicht nur verstören, sondern auch krank und nervös machen.

Zu den Vorzügen dieser phlegmatischen Tiere gehört es, daß sie zu Gardinen und Möbelstücken ein weniger gestörtes Verhältnis haben als andere Sternzeichen. Vorausgesetzt, Sie geben ihm die Wärme und Geborgenheit, die es so notwendig braucht. Das wichtigste beim STIER-Kind ist, daß Sie ihm einfach immer wieder zeigen, daß Sie nur *es* lieben und verstehen. Zwar ist es keineswegs eifersüchtig (oder besser gesagt: es zeigt solche «Schwächen» kaum), erwartet und erhofft aber beständige Zuneigung, Sicherheit und ewige Treue. Dafür wird ein STIER ein Lebenlang unverdrossen zu Ihnen halten und in Krisenzeiten den letzten Spaghetti-Rest mit Ihnen teilen.

Wie Sie das Herz einer Stier-Katze erobern

An und für sich bedarf es keiner übermäßigen Anstrengung, sich die Liebe und Zuneigung dieser gemütlichen Geschöpfe zu sichern. Bieten Sie Ihrer STIER-Katze ein wohlgeordnetes, überschaubares Leben. Sie braucht unbedingt einen festen, möglichst immer gleich ablaufenden Tagesrhythmus. Allzuviel Abwechslung oder gar hektisches Treiben bekommt Ihrem Tier nicht. Auch schätzt die stierische Katze Sauberkeit und Ordnung. Keine Angst, penibel ist Ihr Tier keineswegs. Man muß nicht unbedingt vom Fußboden essen können. STIERE mögen einfach keinen verkommenen Haushalt. Häufiges Umstellen von Möbeln, Gummibäumen oder anderem Wohnzubehör findet ebenfalls kaum Anklang. Haßt Ihre Katze doch jede Art von Experimenten.

Das gilt auch für den Speisefahrplan. Selbst wenn Sie persönlich am liebsten heute chinesisch, morgen französisch und übermorgen indisch essen würden. Ihrer Katze dreht es allein schon bei dem Gedanken an fremdländische Spezialitäten möglicherweise den Magen um. Fangen Sie also bloß nicht damit an, ständig neue Gerichte zu ersinnen. STIER-Mahlzeiten sollten, ebenso wie der Fahrplan öffentlicher Verkehrsmittel, zu festen Zeiten serviert und bestenfalls mit dem Wechsel der Jahreszeiten verändert werden. Um herauszufinden, was Ihr Haustiger am liebsten mag, brauchen Sie nicht Sherlock Holmes zu spielen. Alle deftigen und gehaltvollen Speisen finden immer Anklang.

Wenn Sie sich Sympathien verscherzen wollen, brauchen Sie übrigens nur den nach ausgiebiger Mahlzeit wohlverdienten Mittagsschlaf Ihres Lieblings zu sabotieren. Sei es durch geräuschvolles Herumhantieren in der Küche, sei es, daß Sie gerade jetzt staubsaugenderweise Hektik verbreiten oder das Radio plärren lassen. Am liebsten wird es gesehen, wenn Sie sich dem heiligen Ritual einer mindestens einstündigen Ruhepause anschließen. Ihr Tier versteht es schließlich zu leben. Und was der Katze gut tut, kann auch für Sie nur bekömmlich sein. Rollen Sie sich mit Ihrem Pelztier an einem kuscheligen Plätzchen zusammen. Wohlig schnurrend wird Ihr Schmusepeter sein Köpfchen an Ihnen reiben und damit höchstes Wohlbehagen und seine Liebe zu Ihnen signalisieren.

Ihre Erdkatze ist ein ausgesprochen naturverbundenes Geschöpf. Eine Hochhauswohnung im Stadtzentrum wird kaum ihr liebstes Domizil sein. Sollten Sie also unbedingt so wohnen müssen, wäre es nicht falsch, zumindest auf ein Wochenendhäuschen im Grünen zu sparen. Wenn Sie dieser Idee wenig abgewinnen können, dann unternehmen Sie wenigstens regelmäßig Ausflüge in den nächsten Park. Eine STIER-Katze an die Leine zu legen, bringt kaum Probleme mit sich. Gern wird sich dieses Tier Gassi führen lassen. Aber durchqueren Sie den Park nicht im

Sturmschritt. Nehmen Sie sich Zeit zum Spazierengehen, und werden Sie nicht gleich zappelig, wenn Ihr Erdtier zum zwanzigsten Mal ebenso ausgiebig wie lustvoll an einer Blume riecht oder sich verträumten Auges eine Viertelstunde an den sich sanft im Wind wiegenden Baumkronen erfreut. Nicht die zurückgelegte Meterzahl ist für den Erfolg ausschlaggebend, sondern der Genuß.

Überhaupt bedenken Sie bitte immer, daß der Bewegungsdrang eines STIERES nicht übermäßig ist. Beneiden Sie Ihre Nachbarn um Ihre ebenso ranke und schlanke wie agile Katze? Nun, was die Figur anbelangt, so ist das eine Frage des Typs, und ein bißchen mollig ist doch mindestens genauso schön. Daß es bei ein bißchen mollig bleibt, liegt ja schließlich in Ihrer Hand. Gelegentlich eingelegte Diät-Tage werden Ihr Tier zwar nicht begeistern, der Liebe zu Ihnen aber letztlich keinen Abbruch tun. Und die agilen Katzen können – wenn man's genau bedenkt – ganz schön nerven. Auch wenn Ihre Nachbarn das vielleicht nicht unumwunden zugeben.

Um das Lebensglück Ihres Lieblings abzurunden, darf der Schönheitssinn dieses venusbeherrschten Katzentieres keinesfalls ignoriert werden. Ein unter diesem Stern geborenes Wesen lechzt förmlich nach Schönheit und Harmonie. Hinzu kommt, daß STIER-Katzen meist ausgesprochene Kunstfreunde sind. Schmücken Sie also Ihre vier Wände nicht nur mit geschmackvollen Tapeten, sondern auch reichlich mit Bildern. Bei der Farbgebung Ihrer Einrichtung sollten Sie sich auf helle Töne konzentrieren. Hellgrün und Himmelblau zählen zu den Lieblingsfarben Ihres Tieres. Gönnen Sie Ihrer Katze und Ihrer Sofagruppe mal einen neuen Bezug in diesen Farben. Am besten, Sie wählen auch gleich Vorhänge und Teppichboden in der entsprechenden Farbe. Dann wird sich Ihr STIER rundum wohl fühlen.

Die Stier-Katze in Gesellschaft

Obwohl das Ganze schon einige Jährchen zurückliegt, entsinne ich mich noch deutlich an eine Silvester-Party bei Bekannten. Das Haus war vom Keller bis zum Speicher voll mit lärmenden, sich offensichtlich untereinander kaum bekannten und zunehmend angeheiterten Gästen. Selbst im Garten war eine Verschnaufpause nicht möglich, weil auch schon andere auf diese Idee gekommen waren. Kurzum, es gab nicht die kleinste ruhige Ecke, um dem geräuschvollen Treiben zu entkommen. Als das Fest auch nach Mitternacht seinen trunkenen Höhepunkt noch immer nicht erreicht zu haben schien, hörte man plötzlich Gläser klirren, Porzellan zerscheppern, ein paar hysterische Schreie und sah ein regenbogenfarbenes Bild von der Wohnzimmerwand fallen. Was war geschehen? Hatten wir die ewige Ruhe eines bislang unbekannten Hausgeistes gestört? O nein! Wir durften lediglich einem Tobsuchtsanfall erster Güte der in diesem festlichen Irrenhaus beheimateten Perserkatze beiwohnen. Wie im Veitstanz fetzte das Tier über gläserbestückte Tischchen, das kalte Buffet, sprang Flaschen an, hangelte im Weihnachtsbaum und landete schließlich mit kühnem Sprung auf dem Plattenspieler. Um sich dann ebenso plötzlich wie erschienen wieder in Wohlgefallen aufzulösen. Der Spuk war vorbei, die Musik aus und die Party auch.

Diese Katze war ein STIER! Warum ich das erzähle? Um anzudeuten, was an Festen geht und was nicht, wenn Sie einen pelzigen Vertreter jenes Sternzeichens im Haus haben. Diesem Wesen war schlicht und ergreifend der schier unendlich dehnbare Geduldsfaden gerissen. Soweit sollten Sie es am besten gar nicht erst kommen lassen. Selbst ein einmaliger Ausrutscher dieser Art kann Ihr Tier für Wochen vergrämen. Ist doch sein Heim seine Burg, und den Burgfrieden hat gefälligst keiner so nachhaltig zu stören. Dabei sind STIER-Katzen keineswegs ungesellig. Aber bitte in anderem Rahmen! Diese Erdtiere hassen nun mal die geräuschvollen Ausschweifungen wüster Festivitäten. Auch überraschende Besuche schätzt Ihre STIER-Katze kaum. Wollen Sie sich den Haß dieses Tieres – wenigstens vorübergehend – unbedingt zuziehen, dann schleppen Sie zu später Stunde zwanzig Gäste ins Haus. Diese zwanzig Gäste sind hingegen herzlich willkommen, wenn Ihre STIER-Katze vorbereitet wird und wenn sie mindestens achtzig Prozent der Geladenen schon näher kennt. Läuft die Festivität zudem einigermaßen manierlich und friedlich ab, so feiert auch Ihr Liebling gerne mit. Und drückt sogar eins oder gar beide Augen zu, wenn es etwas später wird als dreiundzwanzig Uhr.

Ausgesprochene Katzengegner sparen Sie auf Ihrer Gästeliste besser aus. Was hätten Sie schon davon? Nichts als Scherereien. Denn wenn Ihre Katze sich nicht wohl fühlt, tun Sie's doch ebenfalls nicht, oder? Kommt Besuch, will sie schließlich auch was davon haben.

Um Ihrer Katze oder Ihrem Kater einen gastlichen Nachmittag oder Abend zu bescheren, den sie auch gut in Erinnerung behalten oder zumindest nicht verübeln soll, braucht es gar nicht so viel. Eine anständige Mahlzeit oder ein nicht übertriebenes, aber deftiges kaltes oder warmes Buffet, gedämpfte Musik und nicht zu laute Gespräche. Selbstverständlich darf auch die Gemütlichkeit nicht zu kurz kommen. Dazu gehört für Ihren pelzigen Schatz unbedingt Kerzenschein. Im warmen Schimmer dieser Lichtquelle fühlt sich Ihr Tier geborgen und zeigt sich zugänglicher denn je. Dann läßt es auf einmal auch fremde Hände sein Fell kosen, rollt sich wohlig auf dem Schoß Ihrer Freundin zusammen und erduldet sogar mitternächtliches Sektkorkenknallen – aber dann ist auch Schluß. Es war schön, aber nun ist es an der Zeit, daß sich alle in ihr Körbchen zurückziehen. Wenn's am schönsten ist, soll man gehen. Wer wüßte das besser als Ihre verständige Katze. Verabschieden Sie Ihre Gäste beizeiten – damit gewinnen Sie nicht nur die Sympathie Ihrer STIER-Katze, Sie ersparen sich und Ihrem Liebling auch die Katerstimmung am nächsten Morgen.

Wenn eine Stier-Katze ihr Herz verliert

Ob STIER-Katze oder -Kater: Gerade in der Liebe offenbart sich bei diesem Sternzeichen eine gleichgeartete Mentalität und Vorgehensweise. «Von Kopf bis Fuß auf Liebe eingestellt» ist eine echte Erdelement-Katze nie. Die Liebe gehört zu den angenehmen Seiten des Lebens wie eine gute Mahlzeit – nicht weniger, aber auch nicht mehr. Und sie will genauso bedächtig wie gründlich angegangen und genossen werden. Eine STIER-Katze, der beim erstbesten Freier vor Wollust sämtliche Sinne schwinden, stellt mit Gewißheit eine absolute Rarität dar. Ebenso wie ein liebestoller STIER-Kater, der sich kopfüber in ein Abenteuer stürzt. Einen STIER trifft Amors Pfeil niemals wie ein Blitz aus heiterem Himmel.

Diese Tiere gehen bei der Wahl ihres Partners äußerst sorgfältig vor. So wird die STIER-Katze den im Ruf eines notorischen Streuners stehenden Kater schroff abweisen. Sie hat nichts dafür übrig, eine unter vielen zu sein. Und der STIER-Kater wird sich nicht von einem kapriziösen Luxusweibchen bezirzen lassen, das sich ewig mit seiner Toilette beschäftigt und nichts anderes im Sinn hat, als seine Reize feilzubieten. Auch schätzen STIER-Tiere nicht, mit dem Partner ihrer Wahl Katz und Maus spielen zu müssen. Entweder man gefällt und man mag sich oder nicht. Sie sind eben für klare Verhältnisse. Das klingt vielleicht ein wenig nüchtern. Dabei sind gerade STIER-Katzen ausgesprochen romantisch. Haben sie endlich ihre Partnerwahl getroffen, können sie der oder dem Angebeteten ebenso ausdauernd wie zärtlich den Hof machen. Sie lassen stimmungsvolle, schmalzige Weisen erklingen, um ihre Leidenschaft zu offenbaren. Selbst die bequemste STIER-Katzendame trifft sich zu ausgiebigen nächtlichen Spaziergängen mit dem Kater ihres Herzens. Im Schein des Mondes träumt sie von einer glücklichen gemeinsamen Zukunft, reibt zärtlich den Kopf an der starken Schulter ihres Katers und baut in Gedanken schon an dem Nest für ihre gewiß zahlreiche, bildhübsche Kinderschar. STIER-Katzen sind übrigens ausgesprochen liebevolle und geduldige Mütter. Wenigstens einmal also sollten Sie Ihrem Tier dieses Glück gönnen.

Ein STIER-Kater sinnt bei seinen Balzritualen weniger über mögliche Folgen nach. Nicht daß er kinderfeindlich eingestellt wäre, beileibe nicht. Aber alles zu seiner Zeit. Der entflammte STIER scheut weder Zeit noch Mühe, um seiner Geliebten zum allabendlichen Stelldichein im Mondenschein kleine Aufmerksamkeiten überreichen zu können. Tagelang durchstöbert er die Mülleimer der näheren und weiteren Umgebung nach passenden Geschenken. Beweist er seine Gefühle doch lieber durch Taten als mit hohlem Liebesgeflüster.

Obwohl sie häufig außer Haus ist, werden Sie Ihre liebende Katze beziehungsweise Ihren verliebten Kater nie völlig aus den Augen verlieren. Pünktlich zur gewohnten Fütterungszeit nämlich steht Ihr pelziger Liebling auf der Matte. Überhäufen Sie Ihr Tier nicht mit Schimpftiraden, sondern seien Sie froh, daß es endlich mal etwas mehr Bewegung hat. Und füllen Sie den Futternapf ruhig etwas großzügiger. In dieser so ungewohnt aktiven Phase kann sich auch ein STIER ein paar Kalorien mehr durchaus erlauben.

Die Stier-Katze in Sachen Gesundheit und Reisen

Wie allgemein bekannt ist, zählen Katzen generell zu den robustesten und widerstandsfähigsten Säugetieren überhaupt. Das läßt sich von STIER-Katzen ganz besonders behaupten. Ob Katze oder Kater: Diese Tiere gehören nicht zur Gruppe der zerbrechlichen Zeitgenossen. In punkto Knochenbrüche darf man das Wort «zerbrechlich» sogar wörtlich nennen. Da ein STIER sich besonnen zu verhalten pflegt und riskante Sprünge oder sonstige körperliche Gewaltakte verachtet, kommt es nur selten zu Bruchverletzungen oder Zerrungen. Aber gerade die ausgeprägte Abneigung gegen jegliche Art von Turnübung oder Sport birgt akut die Gefahr der Verfettung in sich. Leider zeigt sich bei diesen phlegmatischen Tieren schon in jungen Jahren eine starke Vorliebe für Bequemlichkeit und damit verbundener meist erheblicher Gewichtszunahme. Für verantwortungsbewußte Katzeneltern gibt es also nur eins: Beim ersten Anzeichen von Übergewicht den Futternapf höher hängen. Vorbeugen ist nun mal bekanntlich besser als heilen. Weitere Schwachstellen sind die Mandeln, überhaupt der Rachen. Außerdem die Drüsen und die Unterleibsorgane.

Steht Ihr Liebling jämmerlich maunzend und gesenkten Schwanzes vor Ihnen, sollten Sie damit rechnen, daß etwas Ernsthaftes vorliegt. STIER-Katzen sind alles andere als zimperlich und mimen nicht das leidende Tier, ohne wirklich akuten Anlaß. Ihr kranker STIER ist zwar ein ausgesprochen geduldiger Patient. Zumindest solange Sie sich keinen Zoll weit von seinem Krankenlager entfernen. Kämpft ein leidendes STIER-Tier doch mit düsteren Todesahnungen und unterschwelligen Ängsten. Nur Ihre oder die eines anderen Vertrauten möglichst ununterbrochene Anwesenheit und liebevolle Teilnahme kann Ihren Patienten davor schützen, zusätzlich zum körperlichen Leiden noch in tiefste Depression zu verfallen. Am besten funktionieren Sie Ihr Schlafzimmer zum Krankenzimmer um. Denn in diesem Zustand Ihr Tier nachts alleine zu lassen, grenzt an schiere Grausamkeit. Sorgen Sie für gleichmäßig warme Raumtemperatur – auch wenn Sie selbst lieber kalt schlafen.

Ihre liebevoll umhegte STIER-Katze wird sich mit der Genesung Zeit lassen, so wie sie schließlich alles gemächlich angeht. Dafür laufen Sie auch nicht Gefahr, daß zu früh neu erwachte Lebensgeister einen Rückschlag mit sich bringen. Wollen Sie das Maß hingebungsvoller Krankenpflege voll machen, so stellen Sie Ihrem pelzigen Patienten schöne Blumensträuße ans Körbchen. Gerade in der düsteren Zeit schweren Leidens tragen Rosensträuße fast auf wundersame Weise zur Genesung bei.

Reisen ist für die bodenständige STIER-Katze im Grunde ein Fremdwort. Sie schätzt nun einmal ihre gewohnte Umgebung über alles. Wenn Sie meinen, unbedingt einen Tapetenwechsel zu brauchen, oder von Fernweh geplagt werden, dann sollten Ihrer Katze wenigstens die ärgsten Widrigkeiten erspart bleiben. Vor allem Reisen in heiße Regionen (sie liebt zwar Wärme, aber keine Hitze). Überhaupt tun Sie Ihrem Tier und sich selbst gewiß einen Gefallen, wenn Sie Fernreisen allein unternehmen und Ihre Katze während dieser Zeit von einem liebevollen Katzensitter zu Hause hüten lassen. Mitnehmen können Sie Ihren Liebling in einen Urlaub auf dem Bauernhof. Er liebt Landluft, saftige grüne Wiesen und sanfte Hügel. Möchten Sie lieber ans Meer? Dann suchen Sie eine Ferienwohnung im Hinterland.

Ein Wort zum Thema Kofferpacken: Tun Sie das möglichst im letzten Moment. Besser noch, erledigen Sie diese Urlaubsvorbereitungen heimlich. STIERE leiden nämlich grundsätzlich unter Reisefieber und sollten darum so spät wie möglich mit der unabänderlichen Tatsache einer Ortsveränderung konfrontiert werden.

Zwilling

22. Mai bis 21. Juni

Herrschender Planet: Merkur
Element: Luft
Temperament: sanguinisch
Glücksstein: Topas

Vorherrschende Eigenschaften bei Menschen

Positiv: tolerant, gesellig, hilfsbereit, verträglich, fröhlich, unterhaltsam, gewandt, diplomatisch

Negativ: klatschsüchtig, unzuverlässig, labil, oberflächlich, egoistisch, schlampig, undiszipliniert, zappelig, sprunghaft, flüchtig

So erkennen Sie eine Zwillings-Katze

Bei einer ZWILLINGS-Katze können Sie manchmal den Eindruck haben, Sie sähen doppelt. Soeben hat dieses Tier doch noch Pfötchen leckend neben der Parkbank gesessen? Sekunden später aber entdecken Sie es bei der gleichen Tätigkeit auf dem immerhin einige Meter entfernten Baumstrunk. Zwei Katzen der gleichen Rasse, vermuten Sie vielleicht. Nein, es ist ein und dieselbe Katze – Sie durften soeben einen typischen ZWILLING erleben.

Still sitzen ist für dieses quecksilbrige Sternzeichen ein Fremdwort. Verharren Sie ruhig noch einen Augenblick. Viel länger nämlich wird es kaum dauern, bis Sie weitere Hinweise auf die kosmische Herkunft dieser kätzischen Erscheinung erhalten. Und siehe da: Pfötchenlecken wird zugunsten regen Interesses an einem sorglos Brotkrumen pickenden Spatz abrupt unterbrochen. Im nächsten Moment fasziniert eine Amsel auf dem höchsten Ast der Eiche, während ein gemütlich vor sich hinknabberndes Eichhörnchen bereits die Aufmerksamkeit weckt. Aber eigentlich saß diese Katze ja neben der Bank, um die im Papierkorb gefundenen Hühnerknochen abzunagen. Und jetzt stehen Sie da und starren sie an. Auch das wird als interessant empfunden. Was gibt es schließlich schon zu sehen? Eine Katze, die mehrere Dinge gleichzeitig wahrnimmt und sich nur allzugern ablenken läßt. Was ist daran so ungewöhnlich? Soll sie sich etwa auf eine einzige Sache konzentrieren, während das Leben pulsiert und ständig Neues wartet.

Wenn Sie eine ZWILLINGS-Katze finden, die sich stundenlang einer einzigen Beschäftigung hingibt oder eine Sache von Anfang bis Ende durchführt, können Sie sie unter Raritäten abbuchen. Es sei denn, sie hätte einen STEINBOCK- oder JUNGFRAU-Aszendenten. Ihre nervöse Energie läßt die Luft knistern – immer scheint ihr die Zeit davonzulaufen. Ein nettes, lebhaftes Tier, denken Sie vielleicht und nehmen auf der Parkbank Platz, um es ein wenig zu kraulen. Dagegen haben ZWILLINGE nichts einzuwenden. Aber *nur* kraulen genügt nicht, um ihr Interesse

Zwilling

wachzuhalten. Vielleicht haben Sie noch ein Häppchen Fisch zu bieten, ein kleines Bällchen oder sonst eine gute Idee, was man unternehmen könnte. Wenn nicht, wird sich das rege Pelztier rasch von Ihnen ab- und neuen Anregungen zuwenden. Ob Sie nun einer Katze oder einem Kater vor die Pfoten gelaufen sind: Muße oder gar Besinnlichkeit sind nicht ihre Stärken. Es muß immer was los sein.

Vielleicht können Sie trotz dieser wahrscheinlich im Zeitraffer stattfindenden Begegnung doch einen optischen Eindruck dieses rastlosen Wesens erhaschen. Haben Sie in helle, nein, kristallklare und ungewöhnlich schöne Augen geblickt? Zeigten sich zwar etwas fahrige, aber dennoch ausgesprochen graziöse Bewegungen? All das sind klare Indizien für des ZWILLINGS himmlische Prägung. Ist der Körperbau zudem hager und drahtig? Sind die Hüften schmal, und bewegt sich dieser Mini-Tiger in leicht tänzelndem Gang auf ungewöhnlich langen Beinen? Dann ist ziemlich klar, wo Sie ihn astrologisch einreihen können. Fällt es Ihnen ein wenig schwer, sich so einfach zu verabschieden? Kein Wunder, luftige Merkur-Katzen zeichnen sich durch ein äußerst liebenswürdiges und gewinnendes Wesen aus.

Wie ein Zwillings-Katzenkind aufwachsen möchte

Da ZWILLINGS-Katzen im Element der Luft geboren sind, brauchen sie auch reichlich davon, um zu gedeihen. Luft im wahrsten Sinne des Wortes. Lassen Sie Ihr Katzenkind, so oft es die Witterungsverhältnisse erlauben, ins Freie. Aber bitte nicht einfach die Terrassen- oder Balkontür öffnen und Ihren Mini-Panther unbeobachtet seinem Schicksal überlassen! Ob ZWILLINGS-Katze oder -Kater: Diese Tiere sind schon im zartesten Kindesalter ausgesprochen neugierig und unternehmungslustig. Kaum können sie einigermaßen sicher auf den Beinen stehen, pflegen sie schon das Weite zu suchen. Mit freudig aufgestelltem Schwänzchen verschwinden sie im Handumdrehen durch Nachbargärten oder über die Dächer. Während sich Vertreter der meisten anderen Tierkreiszeichen kaum vom sicheren Heimatrevier entfernen, ist ein kleiner ZWILLING schon fünf Straßenzüge weiter und möglicherweise auf Nimmerwiedersehen verschwunden. Nehmen Sie sich also reichlich Zeit und Muße, um im Freien mit Ihrem Jungtier zu spielen und zu toben. Sorgen Sie dabei aber unbedingt dafür, daß die gemeinsamen Spielstunden recht viel Abwechslung beinhalten.

Ob drinnen oder draußen: Ihr Herzenstier hegt nicht den geringsten Wunsch, immer nur Bällchen oder Haschen zu spielen. Niemals nämlich wird sich eine typische ZWILLINGS-Katze längere Zeit mit ein und derselben Sache befassen. Sorgen Sie für eine gut bestückte Spielzeugkiste, damit Ihr Schatz aus dem vollen schöpfen kann. Dafür brauchen Sie nicht sämtliche Bestände Ihrer Zoohandlung zu räubern. Geeignete Sachen lassen sich überall auftreiben. Beispielsweise in Frauchens Näh- oder Strickkorb. Überlassen Sie Ihrem Tier das Stopfei, die Garnröllchen (nicht nur die leeren), diverse Wollknäuel und so weiter. Zum Nähen oder Stricken werden Sie vorerst ohnehin kaum kommen. Besonders gefragt ist natürlich alles, was sich bewegt, auch was lustig, ein bißchen kitschig oder einfach originell ist. Suchen Sie mal den nächsten Jahrmarkt auf. Rummelplätze sind wahre Fundgruben für ZWILLINGS-Spielzeug. Im übrigen zeigt Ihnen Ihr phantasievolles Tier auch selbst, was es liebt und schätzt (Christbaumkugeln, Sektkorken, rohe, aber auch gekochte Eier, frisch gesetzte Blumenzwiebeln, Herrchens Siegelring oder Frauchens flippige Strumpfhose).

Mit dem Aufräumen nehmen Sie es lieber nicht so genau. Ihr Winzling verfügt nämlich über einen gesunden Abwehrmechanismus gegen peinliche Ordnung, was letztlich auch Ihnen zugute kommt. Haben Sie so doch viel mehr Zeit übrig für sinnvollere Aktivitäten, sprich für Ihr Tier. Und das ist gut so. ZWILLINGE beschäftigen sich nun mal ungern allein.

Haben Sie schon bemerkt, daß Ihr Katzenkind schauspielerisch ungewöhnlich talentiert ist? Dank eines riesigen Phantasiepotentials ist es in der Lage, sich mühelos in alle Rollen hineinzudenken. Eine solche Begabung bedarf unbedingt der Förderung. Vielleicht findet sich in Ihrem Keller noch ein Kasperle-Theater. Sonst hören Sie sich im Bekanntenkreis um oder eilen ins nächste Spielwarengeschäft. Statten Sie Ihr Theater aber nicht nur einfallslos mit Kasperle und Co. aus. Fabelwesen wie die aus dem Ensemble der Muppet-Show, aber auch Mäuse, Katzen und Hunde gehören unbedingt zur Truppe. Selig wird Ihr ZWILLINGS-Katzenkind vornehmlich tragende Rollen spielen, und Sie werden wahrscheinlich häufig den Part der Maus übernehmen dürfen. Seien Sie aber nicht enttäuscht, wenn der Hauptdarsteller beim Einstudieren des zweiten Aktes plötzlich die Bühne verläßt. Selbst das dramatischste Schauspiel vermag einen typischen ZWILLING nicht ewig zu fesseln.

Auch in Sachen Erziehung ist es nicht immer ganz einfach, Ihr Tier zu einer gewissen Konsequenz beim Einhalten einmal erlernter Regeln zu bewegen. Verblüfft der kleine ZWILLING heute noch durch folgsames Meiden des Korbes mit frischer Bügelwäsche, so landet er übermorgen vergnügt samt dem erdigen Wurzelstück Ihrer Lieblingszimmerpflanze inmitten der frisch gestärkten Oberhemden. Vergessen Sie, was Sie alles über Katzenpädagogik gelesen haben. Graue Theorie. Bleiben Sie Ihren Erziehungsvorsätzen ruhig treu. Aber räumen Sie alles, aber auch alles, was als verboten gilt, unerreichbar weg. Sie ersparen sich und Ihrem Schützling ewiges Genörgle, das außer Mißklängen sowieso nichts bringt.

Ein Wort zum Speisezettel. Abwechslung wird auch hier großgeschrieben. Bitte nicht heute schon wieder die Dose mit dem Babyfutter von gestern. Überhaupt wäre es gut, wenn Sie Dosenfutter mehr als eine Art Krisenvorrat betrachteten. Frisch zubereitete, möglichst ausgefallene Häppchen sind gefragt. Leichtverdauliche Kost ist angesagt, wobei der Fleisch- oder Fischanteil niedrig sein sollte zugunsten frischer Gemüsesorten. Ideal erweist sich der halbverdaute Mageninhalt von Mäusen. Zugegeben, Mäuse werden im modernen Haushalt relativ selten gesichtet und sind nicht jedermanns Sache. Nun, es wird Ihnen mit etwas Geduld schon gelingen, die Vorlieben Ihrer ZWILLINGS-Katze herauszufinden. Spätestens wenn sich Ihr Liebling rülpsend an Ihren Beinen reibt, wissen Sie, daß Ihnen auch das geglückt ist.

Wie Sie das Herz einer Zwillings-Katze erobern

Daß Katzen gewöhnlich allein auf Mäuse- oder sonstige Jagd zu gehen pflegen, hat zu dem Märchen geführt, sie seien notorische Einzelgänger. Auf manche mag das durchaus zutreffen. Nur gehören diese Tiere ganz sicherlich nicht dem Sternzeichen ZWILLING an. Mit das Schlimmste, was Sie Ihrem luftigen Liebling antun können, ist, ihn häufigem Alleinsein oder der Isolation von anderen Tieren auszusetzen. Läßt es sich einmal nicht vermeiden, daß Sie mehrere Stunden außer Hauses sind, besorgen Sie Ihrem Tier bitte einen Katzensitter. Gewiß finden sich Kinder in der Nachbarschaft, die diesen Job nur allzugern übernehmen. Sie ersparen Ihrer Katze damit nicht nur die Höllenqual der Einsamkeit, sondern sich selbst auch den Anblick einer zumindest für menschliches Empfinden unerfreulich veränderten Wohnlandschaft. Ihr pelziger ZWILLING wird in Ihrer Abwesenheit zwar traurig sein, aber keinesfalls untätig. So entdecken Sie möglicherweise neben zerfledderten Illustrierten auch die Scherben Ihrer kostbaren China-Vase, die Sie blutenden Herzens aus der Blumenerde des runtergerissenen Alpenveilchens zu fischen versuchen. Brüllen Sie jetzt nicht Ihre Katze an. Sie ist kein übler Randalierer, aber was hätte sie denn allein tun sollen? Vielleicht ein Buch lesen?

Wenn Sie mit Einkaufstüten beladen zurückkehren, sollte sich stets auch eine Kleinigkeit für Ihren ZWILLING darin finden. Dabei ist alles, was sich bewegt, besonders gefragt. Vielleicht ein kleines Spielzeugauto, ein aufziehbares Mäuschen oder ein Bällchen. Nicht zu kleine Spiegel erfreuen sich bei ZWILLINGS-Katzen übrigens besonderer Beliebtheit. Sind sie doch so etwas wie eine Fernsehsendung live, in der Ihr quirliges Wesen den Programmdirektor spielt.

So sehr Ihre Katze sich über Ihre Gegenwart freut, so sehr braucht sie – wie oben erwähnt – auch Kontakt zu anderen Tieren. Wobei ZWILLINGS-Katzen sich nicht nur mit gleichartigen Geschöpfen anfreunden. Sie verbrüdern sich auch mit Hunden oder sogar mit einem Schimpansen. Ich kenne einen ZWILLINGS-Kater namens Salomon, den eine innige Freundschaft mit einem Pferd verbindet. Sobald dieses Pferd Salomon sieht, wiehert es vergnügt und scharrt in sichtlicher Begrüßungsfreude mit dem linken Vorderhuf. Salomon darf auf ihm reiten und herumrutschen und fängt zum Ausgleich in der Sommerzeit stundenlang mit wachsender Begeisterung die Fliegen, die seinen Kameraden belästigen.

Falls Sie in einer Gegend wohnen, in der Ihre Katze nicht gefahrlos herumstromern kann, gibt es nur zwei Möglichkeiten. Entweder Sie entschließen sich, noch ein zweites Tier aufzunehmen, oder Sie laden – nicht zu selten – andere Tiere zu sich ein. Ihr ZWILLING wird im Gegensatz zu Katzen anderer Tierkreiszeichen nicht sein Revier verteidigen, sondern neue Freunde fast ausnahmslos willkommen heißen.

Ein Wort zur Freizeitgestaltung. Erwarten Sie bitte nicht, daß Ihrem Hausgenossen heute noch das gleiche Freude bereitet wie gestern. Hat er am Freitag abend voller Begeisterung mit Ihnen einen Krimi gesehen, muß das nicht heißen, daß es ihn am Samstag auch danach gelüstet. Abwechslung! lautet die Devise. Richten Sie sich danach und versuchen Sie, Ihre eigenen Aktivitäten eben auch abwechslungsreich zu gestalten. Ihre ZWILLINGS-Katze wird Ihnen dabei begeistert assistieren.

Übergehen Sie Ihre Katze bitte keinesfalls, wenn Sie gedenken, Ihren Polstermöbeln neue Bezüge oder Ihren vier Wänden einen anderen Anstrich zu spendieren. Diese Tiere sind Ästheten und haben ebenso kreative wie eigenwillige Vorstellungen von Farbgebung. Silbrige und gelbe Töne werden eindeutig bevorzugt, überhaupt alles, was glänzt. Verschönern Sie Ihr Wohnzimmer durch eine Spiegelwand. Erstens wirkt es damit größer, und zweitens liebt Ihr Tier Spiegel (nicht nur als Mitbringsel).

Eine «normale» Katze verschläft etwa 60 Prozent ihres Lebens. Um wieviel niedriger das Schlafbedürfnis bei ZWILLINGS-Katzen liegt, ist wissenschaftlich leider noch nicht erforscht. Auf jeden Fall ist erwiesen, daß bei einer Luft-Katze das Sandmännchen erst recht spät abends auf den Plan zu treten pflegt, obwohl gerade diese lebhaften Wesen auf ausreichenden Schlaf dringend angewiesen wären. Wollen Sie vor den letzten Spätnachrichten in die Federn kommen, gibt es aber eine unfehlbare Methode. Seien Sie das Vorbild. Schalten Sie den Fernseher aus, räumen Sie die Fernbedienung in eine verschließbare Schublade und begeben Sie sich ins Schlafgemach. Sie werden sehen: Kaum haben Sie sich's im Bett gemütlich gemacht, taucht auch Ihr Schützling auf. Schicken Sie Ihren ZWILLING nun nicht gleich in sein Körbchen (falls er nicht ohnehin die Nächte als Wärmflasche zu Ihren Füßen verbringt). Schmusen Sie noch ein wenig mit ihm, herzen und kosen Sie ihn in den Schlaf. Murmeln Sie in sein Öhrchen, wie lieb Sie ihn haben. Das darauf folgende Schnurren heißt: Ich dich auch!

Die Zwillings-Katze in Gesellschaft

Ob Ihnen eine Einladung ins Haus geflattert ist oder Sie nur mal schnell jemanden besuchen wollen, nehmen Sie auf jeden Fall Ihren ZWILLING mit. Bedeuten ihm doch Geselligkeit und neue Kontakte fast alles. Ganz gleich ob ZWILLINGS-Katze oder -Kater: Wenn diese Tiere zu Gast sein dürfen, lassen sie sich sogar problemlos an die Leine legen oder in das tragbare Katzenkörbchen mit dem verhaßten Gittertürchen sperren.

Glauben Sie aber bitte nicht, ZWILLINGE seien kein bißchen wählerisch im Umgang mit anderen. Doch für sie ist fast alles besser, als allein zu Hause zu verkommen. Ausgenommen der

Besuch beim Tierarzt. Mit Begeisterung begleitet Ihre Katze Sie zum Friseur, Ihr Kater Sie an den Stammtisch. Sie haben noch keine Katze beim Friseur oder in der Kneipe gesehen? Probieren Sie's doch einfach mal aus. Sicherlich hat nicht nur Ihre Friseuse helle Freude an Ihrem lebhaften Tier, wenn es Lockenwickler haschend durch den Salon tobt. Und die seit Jahren eingefahrene Skatrunde erwacht aus ihrer stumpfen Lethargie, wenn Ihr pfiffiger Kater auf «versehentlich» runtergefallene Karten aufmerksam macht.

Ganz besonders empfänglich sind diese Tiere für Besuch in den eigenen vier Wänden. Warten Sie also nicht bis zum nächsten größeren Anlaß. Improvisieren Sie. Wie wäre es mit einer kurzfristig angelegten Telefonaktion zwecks Bottle-Party? Unverständlicherweise (für einen ZWILLING) ist diese Art der Kontaktpflege ziemlich aus der Mode gekommen. Dabei geht nichts leichter als das. Schwingen Sie sich ans Telefon und rufen Sie Gott und die Welt an mit der frohen Kunde, daß Sie heute abend zu feiern, aber nicht vorher einzukaufen gedenken. Sie sind eigentlich mehr für die konventionelle Art, wollen Ihre Feste langfristig planen und die eigenen Flaschen aus dem Keller holen? Dagegen spricht nichts, wenn Sie zumindest zwischendurch immer mal für etwas Besuch im kleinen Kreis sorgen.

ZWILLINGS-Katzen wissen sich übrigens in Gesellschaft vorzüglich zu benehmen (meistens jedenfalls) und finden sich in allen Situationen mühelos zurecht. Selbst wenn Sie die englische Königsfamilie zum Sektempfang bitten, wird Ihr pelziger ZWILLING keine Scheu zeigen, sondern Anteil nehmen am höfischen Zeremoniell. Gleich welcher Art Ihre Einladung und der Gästekreis geartet sind, überlassen Sie es nicht allein Ihrer Katze, für Stimmung zu sorgen. Nicht etwa, daß ihr das Mühe bereitete. Nur sind Katzen ja doch gewissermaßen die Pfoten gebunden. Jedenfalls in der Vorbereitungsphase. Sorgen Sie auch für Musik, bei der es einen förmlich vom Stuhl reißt. Katzen-ZWILLINGE haben Rhythmus im Blut und wollen das auch zeigen. Das werden Sie merken, wenn Sie den Klavierdeckel öffnen und Ihre Katze mal kurz in die Tasten treten lassen. ZWILLINGS-Katzen sind ausgesprochen musikalisch. Nicht umsonst haben Zweibeiner wie Charles Aznavour, Nancy Sinatra und Richard Wagner in diesem Sternzeichen das Licht der Welt erblickt.

Selbstverständlich sollte auch für das leibliche Wohl gesorgt sein. Vergessen Sie über dem Nachfüllen der leeren Gläser nicht den Wassernapf Ihrer Katze. Vom kalten Buffet hingegen bedient sie sich lieber selbst. Sie zählt nämlich nicht zu den Zeitgenossen, die sich sinnlos den Ranzen vollschlagen, sondern genießt lieber mal hier, mal da ein leckeres Häppchen, um anschließend nimmermüde weiter die Rolle des unterhaltsamen Gastgebers zu spielen.

Wenn eine Zwillings-Katze ihr Herz verliert

Ob ZWILLINGS-Katze oder -Kater, auch in der Liebe wird das Wort Abwechslung groß geschrieben. Selten werden Sie einen pelzigen ZWILLING erleben, der nicht mindestens zwei Eisen im Feuer hat. Aber nicht, weil diese Tiere besonders triebhaft oder gar sexbesessen wären. Dieser Eindruck kann zwar bei oberflächlichem Hinsehen entstehen. In Wahrheit sind luftige Mai- oder Juni-Wesen in Sachen Liebe und Leidenschaft eher in der goldenen Mitte einzureihen. Daß sie nicht nur eine oder einen Angebeteten haben, hängt einerseits mit ihrer Neigung zusammen, sich im kleinsten Kreis (also zu zweit) rasch zu langweilen, andererseits damit, daß sich diese Tiere nicht darum reißen, mögliche Nebenbuhler mit zeit- und nervenaufreibenden Aktivitäten aus dem Feld zu schlagen. Sie flirten lieber mal hier, mal da. Völlig unverbindlich und ohne sich dem Streß des unbedingten Siegen müssens zu unterwerfen. Ein waschechter ZWILLING ist ewig verliebt, so wie er ewig jung bleibt (ich spreche hier nicht von Äußerlichkeiten).

Kätzinnen dieses Tierkreiszeichens sind übrigens ungleich

temperamentvoller als ihre männlichen Artgenossen. Mit ebensoviel Witz wie Charme verstehen sie es, sämtliche Kater der näheren und weiteren Umgebung auf Trab zu halten. Sie bringen es mühelos fertig, dem berüchtigten Herzensbrecher von nebenan schöne Augen zu machen, um eine Viertelstunde später mit einem revierfremden Herumstreuner in der nächsten Scheune zu verschwinden.

Ein ZWILLINGS-Kater auf Freiersfüßen geht die Dinge bedächtiger an. Zwar wird auch er seinen zahlreichen Verehrerinnen gebührende Aufmerksamkeit zollen. Doch sind ihm Eifersüchteleien der von ihm vor ihren Augen betrogenen Kätzinnen nicht nur lästig, sondern verlangen ihm auch unerwünschte Kraftakte ab. Er wird lieber wohldosiert seine zahlreichen Verabredungen an verschiedenen Abenden treffen. Konzerte im Mondschein sind beim ZWILLINGS-Kater kaum der Auftakt zum Liebesspiel. Eher schon eine gemeinsame, wenn auch mehr oder weniger nur vorgetäuschte Mäusejagd. Dieses Tier ist zwar auch romantisch, kann und will das aber nicht so deutlich zeigen.

In seltenen Sternstunden geben indessen auch ZWILLINGS-Katzen ihre angeborenen Prinzipien auf und konzentrieren alle Gefühle plötzlich nur noch auf einen Kater oder eine einzige Kätzin. Mit Sicherheit aber auf ein Tier, das eingefahrene Balzrituale ebenso verabscheut und Gemeinsamkeiten zunächst in abenteuerlichen Unternehmungen zu finden sucht. Bei einem solchen Partner kann ein ZWILLING schon sein *ganzes* Herz verlieren, wenn auch meist nur für kurze Zeit. Nach einigen gemeinsamen Stunden pflegt ein luftiges Tier nach dem Spruch zu handeln: Wenn's am schönsten ist, dann soll man gehn. Zu Hause gibt's ja auch noch was, und wenn es nur der Fernseher ist oder die Katzeneltern.

Die Zwillings-Katze in Sachen Gesundheit und Reisen

Es gehört schon eine gute Beobachtungsgabe dazu, bei einer ZWILLINGS-Katze oder einem ZWILLINGS-Kater erste Anzeichen einer Erkrankung auszumachen. Zeigen sich diese Tiere doch auch bei Krankheit fast so lebhaft und geschäftig, wie wenn sie in Hochform sind. Merkurbeherrschte Luftwesen verstehen es meisterhaft, ihre Schwächen zu überspielen. Das mag damit zusammenhängen, daß sie mit immer neuen Ideen und Plänen einfach zu beschäftigt sind, um sich von so zeitraubenden und langweiligen Dingen wie körperlichen Leiden aufhalten zu lassen. Lassen Sie sich von der scheinbar unerschöpflichen Vitalität Ihres Lieblings nicht täuschen. Gerade ZWILLINGE sind keineswegs besonders widerstandsfähig, sondern im Gegenteil recht anfällig. Sie müssen nun nicht die Flöhe husten hören und bei jeder Kleinigkeit gleich das Schlimmste befürchten. Zeigt sich Ihr Tier aber häufiger ermüdet, fallen ihm die Augen schon zu Beginn eines geselligen Abends zu, dann ist ganz klar etwas nicht in Ordnung.

Gefährdet sind vor allem die Bronchien und die Lunge, aber auch Beine und Pfoten. Leckt sich Ihre Katze mit ZWILLINGS-untypischer Ausdauer ein Pfötchen, so kann eine böse Verletzung dahinterstecken. Während viele Vertreter anderer Sternzeichen humpelnd und maunzend auf ihr Leiden aufmerksam machen, wird Ihre Luftkatze die Sache eher bagatellisieren.

Einen ZWILLING zu behandeln, gehört nicht zu den leichtesten Übungen. Schon der Besuch beim Tierarzt wirft gewisse Probleme auf. Ihrem kranken Pelztier steht nicht der Sinn danach, im vergitterten Katzenkörbchen geduldig seiner medizinischen Urteilsverkündigung zu harren. Ersparen Sie ihm also lange Wartezeiten, suchen Sie einen Tierarzt auf, der den vereinbarten Termin auch einhält. Sollte Ihr pelziger Patient länger ans Krankenlager gefesselt sein, sorgen Sie für ein volles Programm. Schließlich umfaßt Ihr Wirkungskreis nicht nur die

Rolle des ebenso geduldigen wie liebevollen Krankenpflegers, sondern auch die des ideenreichen Entertainers. Überlassen Sie Ihren Patienten nicht der gähnenden Langeweile seines Krankenlagers. Beschäftigen Sie sich intensiv mit ihm, lenken Sie ihn von seinem Leiden ab – wenn es sein muß, rund um die Uhr. Ihre aufopfernde Pflege ist die beste Medizin und bringt Ihr Tier schneller wieder auf die Beine als noch so bunte Pillen.

Es ist durchaus möglich, daß Sie sich nach einem längeren Leiden Ihrer ZWILLINGS-Katze urlaubsreif fühlen. Geben Sie Ihrem Gefühl nach. Gewiß läßt sich zumindest eine Kurzreise realisieren. Allerdings wird Ihr genesener Stromer von ein paar geruhsamen Tagen im Wochenendhäuschen Ihrer Bekannten nicht begeistert sein. Die Auffassung «Denn sieh, das Gute liegt so nah» vermag ein ZWILLING kaum zu teilen. Es darf ruhig bis nach Rio de Janeiro gehen. Sollten Sie jedoch dem etwas preiswerteren Angebot für Mallorca den Vorzug geben, wird Ihr Liebling sich ohne längeres Murren fügen. Schließlich ist das immer noch weiter als besagtes Wochenendhaus.

Krebs

22. Juni bis 23. Juli

Herrschender Planet: Mond
Element: Wasser
Temperament: melancholisch
Glücksstein: Mondstein

Vorherrschende Eigenschaften bei Menschen

Positiv: traditionsbewußt, besonnen,
uneigennützig, zärtlich,
sensibel, aufrichtig

Negativ: mißtrauisch, spießig, empfindlich,
launisch, trübsinnig, hypochondrisch,
unterwürfig, egoistisch

So erkennen Sie eine Krebs-Katze

Es ist recht schwierig, das Sternzeichen eines pelzigen KREBSES auf der Straße herauszufinden. Einfach deswegen, weil Katzen, die zwischen Mitte Juni und Mitte Juli ihren Geburtstag feiern, nur in Ausnahmefällen draußen herumstromern. Beispielsweise dann, wenn die rollige Kätzin ein Rendezvous mit dem Prinzen ihres Herzens hat. Oder der Kater auf Freierspfoten durchs Gelände streift. Da dies jedoch gewöhnlich nachts geschieht und keineswegs immer ein heller Vollmond die Szene beleuchtet, lassen sich auch hier kaum optische Merkmale erkennen. Wenn Sie KREBS-Katzen sehen möchten, dann müssen Sie schon über fremde Gartenzäune spähen, auf Balkonen oder Fensterbänken nach ihnen Ausschau halten. Diese schüchternen Mondwesen lieben ihr Heim über alles und bewegen sich meist nur innerhalb ihrer sicheren Burgmauern.

Vielleicht besitzen Sie ja eine Katze oder einen Kater dieses Tierkreiszeichens, ohne es bislang zu ahnen. War es gewöhnlich mühsam und langwierig, das Zutrauen Ihres Hausgenossen zu gewinnen? Ist Ihr Tier übersensibel und äußerst stimmungsabhängig? Um nicht schlicht zu sagen launenhaft? Pflegt es stundenlang mit besorgtem Mienenspiel vor sich hin zu grübeln oder ganz allein in einer Ecke zu spielen? Zeigt es sich Fremden gegenüber extrem mißtrauisch und mustert jeden Eindringling furchtsamen Blickes, um sich im nächsten Augenblick fluchtartig zu verziehen? Dann ist es sehr gut denkbar, daß Ihr Liebling ein vom Erdtrabanten Mond beherrschter KREBS ist.

Rein äußerlich erkennen Sie diese Tiere an einem rundlich wirkenden Gesicht, aus dem erstaunte Kinderkatzenaugen Sie fragend anschauen. Gleich, wie viele Lenze Ihre Katze zählt: Stets wird sie sich einen Hauch kindlicher Naivität bewahren. Selbst eine Katzen-Urgroßmutter strahlt auf geheimnisvolle Art etwas von der Frische und Unschuld ihrer ganz frühen Jahre aus. Die Augen dieser Geschöpfe liegen selbst für kätzische Verhältnisse meist sehr weit auseinander und erinnern an kristallklare

Krebs

Bergseen. Hervorstehende Backenknochen und ein kräftiger Knochenbau runden das äußere Bild ab.

KREBS-Katzen sind begnadete Schauspieler. Nur in seltenen Sternstunden mag es Ihnen gelingen herauszufinden, was dieses Wesen gerade denkt oder fühlt. Kann es doch in tiefste Depressionen verfallen und sich dabei launig und gut aufgelegt präsentieren. Oder sich umgekehrt ausgesprochen fröhlich fühlen, dabei aber die Mimik eines eben zum Schafott Verurteilten zur Schau stellen. Nicht, weil einem KREBS daran gelegen ist, alle Welt an der Nase herumzuführen. Diese Tiere sind im Gegenteil als eher gradlinig zu bezeichnen und verabscheuen Winkelzüge. Doch reflektieren sie ungewöhnlich stark alles, was um Sie herum vorgeht. Niemals wird ein KREBS Frohsinn demonstrieren, wenn Sie gerade deprimiert sind. Diese mitfühlsamen Geschöpfe leiden unter Ihrem Kummer ebenso intensiv, wie sie sich mit Ihnen freuen können.

Wie ein Krebs-Katzenkind aufwachsen möchte

Am Tag des Einzugs Ihres KREBS-Katzenbabys wäre es gut, wenn nur Sie und die engsten Familienmitglieder zu Hause sind. Zählt doch dieses kläglich maunzende Etwas mit zu den scheuesten Wesen des Tierkreiszeichens. Und gerade die in den ersten Stunden und Tagen im neuen Elternhaus gesammelten Erfahrungen entscheiden über das weitere Wohl oder Weh Ihres Winzlings, beeindrucken ihn so tief, daß er sie kaum je vergißt. Auch dann nicht, wenn er schon eine behäbige Katzendame oder ein alter, grauer Kater geworden ist. Sie haben es also in der Hand, ob aus Ihrem Schützling ein überängstlicher, nervöser Vertreter seiner Gattung wird, oder ein vertrauensvolles, ausgeglichenes und frohes Tier. Laden Sie gleich zu Anfang Ihren ganzen Freundeskreis zwecks Bewunderung Ihres niedlichen Kätzchens ein, kann das zu schweren Verhaltensstörungen führen und das Akklimatisieren in der neuen Umgebung um Wochen verzögern.

Geben Sie die neuesten Katzen- und sonstigen Nachrichten telefonisch durch. Oder schreiben Sie ellenlange Briefe, um die Zeit des auf Sparflamme gestellten zwischenmenschlichen Kontaktes zu überbrücken. Zeit werden Sie ohnehin genug haben, oder anders gesagt, Sie sollten sie sich nehmen. Streichen Sie möglichst alle Vergnügungen und Verpflichtungen außer Hauses aus Ihrem Terminkalender. Ihr kleines Wollknäuel kann Alleinsein erst dann einigermaßen verkraften, wenn es sich vollkommen heimisch fühlt.

Sie brauchen schon viel Liebe und Geduld, bis Ihnen Ihr Mondkätzchen sein Vertrauen schenkt. Möglich, daß dieses introvertierte Wesen die ersten Tage vorzugsweise in der Abstellkammer oder hinter dem Sofa verbringt. Versuchen Sie es nicht gewaltsam davon zu überzeugen, wieviel angenehmer es doch bei Ihnen in der Küche, auf dem Sofa oder einfach in Ihrer Nähe wäre. Ein kleiner KREBS möchte seinen eigenen Gefühlen entsprechend langsam die Distanz aufgeben und Ihre Nähe suchen. Ein Tier dieses Sternzeichens wird nie unsicheren Boden betreten. Geben Sie Ihrem tapsigen Pelztier Zeit, um in aller Ruhe Pfötchen für Pfötchen das fremde Terrain zu erkunden. Mit der Erziehung lassen Sie sich am besten ebensoviel Zeit wie Ihr Tier mit dem Eingewöhnen.

Nun sind Katzen ja an und für sich niemals Nestbeschmutzer. Im Gegenteil, sie haben die Reinlichkeit buchstäblich mit der Muttermilch in sich aufgesogen. Dennoch kann es passieren, daß ein kleiner KREBS hier und da etwas streng duftende Spuren seiner Gegenwart hinterläßt. Vollkommen falsch wäre es, darauf schimpfend oder mit drastischer Vorgehensweise (Näschen in die Pfütze stupsen und ähnliche Grobheiten) zu reagieren. Ihr Kleines ist nicht unsauber, es traut sich nur möglicherweise nicht zu dem von Ihnen aufgestellten Katzenklo. Zumindest in der Anfangszeit wäre es wichtig, in *jedem* Raum ein stilles Örtchen einzurichten. Auch und besonders in Ihrem Schlafzimmer. Denn obwohl vom Mond beherrscht, sind diese Wesen in dessen Schein keineswegs mutiger als am hellichten Tag und werden dringliche Geschäfte trotz strengsten Verbotes lieber in Ihrer Nähe als im weit entfernten Flur verrichten. Hoffentlich kommt Ihnen nicht die glorreiche Idee, auch das Katzenkörbchen in den Flur zu verbannen. Verwerfen Sie diesen frevelhaften Gedanken schnell. Oder stellen Sie Ihr Feldbett gleich daneben. Allein gelassen stirbt Ihr Liebling in höchster Seelenqual tausend Tode und wird Ihnen diese Grausamkeit vielleicht niemals verzeihen.

Es kann schon ein geraumes Weilchen dauern, bis Ihr kleiner Eisberg auftaut und aus sich herausgeht. Eines Tages aber ist ihr Katzenkind endlich soweit und tobt ausgelassen durch sein Kinder- beziehungsweise Ihr Wohnzimmer. Am Vorhang schaukelnd holt es sich den nötigen Schwung, um graziös und leuchtenden Auges auf der gedeckten Kaffeetafel zu landen. Bremsen Sie nun bloß nicht diese zarten Ansätze frisch erwachten Tatendrangs. Ihre Katze beginnt sich endlich zu Hause zu fühlen.

Solchen Darbietungen dürfen Sie ohnehin, auch bei dem sich heimisch fühlenden KREBS-Kätzchen, selten genug beiwohnen. Diese Tiere schätzen es nicht, sich zu produzieren, und sind auch keine geborenen Möbelkiller. Lieber träumen sie oft stundenlang friedlich vor sich hin. Sie können sich auch wunderbar mit sich selbst und geeignetem Spielzeug beschäftigen. Besonders gefragt ist alles, was sich kuschelig anfühlt: ein Stoffmäuschen oder ein Stoffhündchen, Plüschtiere oder Wattebällchen, aber auch kleine bewegliche Sachen wie Garnröllchen, Tischtennisbälle oder ein (leerer) Kugelschreiber. Sie brauchen gar nicht tief ins Portemonnaie zu greifen. Ihr KREBS-Kind zieht einfaches Spielzeug aufwendigem grundsätzlich vor und braucht nicht viel davon. Zeichnet sich dieses Wasserzeichen doch durch einen schier unerschöpflichen Schatz an Phantasie aus.

Wovon es jedoch nie genug bekommen kann, sind Liebe und Zärtlichkeit. Kraulen Sie Ihren Schmusepeter, streicheln Sie sein zartes Fellchen und flüstern Sie ihm ins winzige Öhrchen, wie lieb Sie Ihr Kätzchen haben. Wie schön, gut, klug, tüchtig und überhaupt alles es ist. Lob und Anerkennung sind Balsam auf das leicht verwundbare Mondseelchen und das beste Rüstzeug für ein glückliches, erfülltes KREBS-Katzenleben.

Wie Sie das Herz einer Krebs-Katze erobern

Der innerste Wesenskern des Mondzeichens KREBS ist mehr als vielschichtig. Das Gefühlsbarometer pendelt ständig zwischen den Tiefs mimosenhafter Verletzbarkeit und zurückhaltender Scheu, zwischen seelischen Hochs und plötzlichen Trotzanfällen und Hartnäckigkeit. Oft ist es nicht ganz leicht, die momentane Stimmung Ihrer KREBS-Katze zu erkennen. Hat sich dieses Tier nun ins Wäschefach des Kleiderschranks zurückgezogen, um wohlig seinen Träumen nachzuhängen, oder stecken ein tiefer Kummer, vielleicht auch eine Trotzreaktion dahinter? Was auch immer der Anlaß sein mag: Begibt sich Ihr Pelztier in Klausur, dann stören Sie es bitte nicht dabei. Wenn es Ihre Gesellschaft sucht, wird es das schon zeigen. Ihr Hausgenosse braucht sehr viel Ruhe und ein harmonisches Familienleben. Sicherlich läßt es sich einrichten, daß Sie ihm beides bieten. Bedenken Sie vor dem nächsten lautstarken Familienkrach, wie sehr Ihr sensibler Schatz unter den Mißklängen leidet.

Bei der Erziehung sollten Sie dem antiautoritären Stil den Vorzug geben. Trotz aller oft nach außen gezeigten Scheu und Ängstlichkeit werden Zwang und Bevormundung von Ihrem KREBS grundsätzlich abgelehnt. Ob Weibchen oder Männchen: Diese Katzentiere wollen sich frei und unabhängig entwickeln können. Verfallen Sie also nicht in Raserei, nur weil Ihr emsiger Schützling schon wieder eine Ihrer geliebten Blattpflanzen zu Tode genagt hat. Oder weil die Tapete im Wohnzimmer nun auch an der anderen Wand ruiniert ist. Versuchen Sie lieber, die Ursachen oder mögliche Mängel herauszufinden. Haben Sie Ihrem KREBS heute noch nicht die so nötigen Streicheleinheiten gegeben? Das könnte ein Grund für die zerkratzte Tapete sein. Und um Ihre Topfpflanzen zu schützen, genügen zwei oder drei Kübel mit Katzengras, an denen sich Ihr Tier gütlich tun kann. Wenn Sie sich also bemühen, auftretende Probleme nach dem Prinzip von Ursache und Wirkung anzugehen, statt plump mit Strenge, so schonen Sie die Gefühle Ihres Lieblings und Ihre Nerven auch.

Ebenso wie KREBSE nach Geborgenheit und Harmonie im häuslichen Bereich lechzen, verlangt es sie auch nach einem gewissen Wohlstand und materieller Sicherheit. Deswegen müssen Sie nun nicht in einer prunkvollen Villa wohnen. Obwohl diese mondgeborenen Kreaturen gewiß nichts dagegen hätten. Es geht vielmehr darum, Ihrer Katze zu zeigen, daß Sie Ihr Hab und Gut schätzen. Werden ständig neue Sachen angeschafft, wo er sich doch gerade an die alten gewöhnt hat, fühlt sich Ihr KREBS stark verunsichert. Werfen Sie in seiner Gegenwart möglichst nichts «Brauchbares» weg. Schaffen Sie es heimlich beiseite. Geben Sie gelegentlich einen Yoghurt-Becher oder eine leere Klopapierrolle in seine Pfötchen. Dankbar wird Ihr Tier diese «Abfälle» als Spielzeug annehmen und sich mindestens so sehr – wenn nicht noch mehr – darüber freuen wie über eine Spielzeugmaus aus der Zoohandlung.

KREBS-Katzen haben ein ausgesprochenes Hamsternaturell. Sie pflegen Lebensmittel und allerlei nützlichen Hausrat für Notzeiten zu horten. Wundern Sie sich also nicht, wenn Sie in den entlegensten Winkeln Ihrer Wohnung kätzische Vorratskammern entdecken. Möglich ist auch, daß sich der verschwundene Hunderterschein aus Ihrer Handtasche neben einem auf die Seite gebrachten Wurstzipfel unter Ihrem Kopfkissen findet. Es ist keineswegs aus der Luft gegriffen, daß KREBS-Katzen schon manche Familienfehde durch auf unerklärliche Art verschwundene Gegenstände oder Geldscheine auslösten. Verdächtigen Sie also nicht gleich Ihre Angehörigen, wenn etwas fehlt. Vertrauen Sie lieber auf den Spruch «Das Haus verliert nichts».

Da Ihre Katze alles oder fast alles zu sammeln pflegt, können

Sie ihr kaum eine größere Freude bereiten, als ihr immer etwas mitzubringen. Achten Sie nur mal darauf, was auf der Straße so alles herumliegt, wofür sich Ihr KREBS begeistern kann. Sie brauchen natürlich nicht ständig dem Straßenkehrer ins Handwerk zu pfuschen oder verschämt in Sperrmüllbergen zu wühlen. Selbstverständlich leuchten die hellen Augen Ihrer Katze auch beim Anblick völlig normal besorgter, also gekaufter Mitbringsel.

Lebhaftes Interesse löst auf jeden Fall der Inhalt Ihrer Einkaufstüten aus. KREBS-Katzen sind ausgesprochen gute Esser und werden selten einen Rest im Futternapf zurücklassen. Sie schätzen auch kulinarische Abwechslung. Dabei sind sie keineswegs wählerisch. Gegessen wird, was auf beziehungsweise unter den Tisch kommt. Doch schlägt ihr Herz höher, wenn Sie nicht zu selten der Vorliebe Ihres Wassertiers nach flüssiger Nahrung Rechnung tragen. Besonders bevorzugt sind kräftige Brühen, aufgetautes Eis, leichte Cremespeisen und Puddinge. Verwenden Sie bei der Zubereitung dieser Kalorienbomben Süßstoff – Ihr bequemes Pelztier neigt nämlich dazu, leicht Speck anzusetzen. Ein anschließendes gemeinsames Verdauungsschläfchen rundet das Glück Ihres Schmusekätzchens ab. Gesellt sich doch zum körperlichen Wohlbefinden seelische Geborgenheit in Ihren liebevollen Armen.

Die Krebs-Katze in Gesellschaft

Die ach so scheuen KREBS-Katzen können sehr spontan und völlig kompromißlos handeln, wenn ihnen etwas absolut gegen den Strich geht. Wenn Sie also mal erleben wollen, wie sie aus der Rolle fallen, brauchen Sie nur nach einem feuchtfröhlichen Kneipenabend Ihre lärmenden Saufkumpanen noch auf ein Gläschen nach Hause zu bitten. Kaum haben Sie das Bier aus dem Keller geholt und die Gläser auf den Tisch gestellt, wird ein funkensprühendes Etwas in ohnmächtiger Wut den nächstbesten ihm unter die Krallen geratenen Gegenstand demolieren. Oder statt das Katzenklo zu benutzen, kurz entschlossen Ihr Sofa zweckentfremden. Sie haben sich nämlich soeben mit das Schlimmste geleistet, was Sie einem typischen KREBS antun können: Sie haben Ihre Katze in ihrer wohlverdienten Nachtruhe gestört und ohne Vorwarnung mit wildfremden Menschen konfrontiert. Natürlich kann es auch geschehen, daß Ihr KREBS-Tier nicht in dieser aggressiven Art auf Ihr Vergehen reagiert. Dann wird es sich auf jeden Fall aber – und nicht nur für diesen Abend – grämlich in seine Schmollecke verziehen. Es bedarf anschließend schon einer geraumen Weile und vieler guten Worte, um den Fehler auszubügeln.

Grundsätzlich ist Mond-Kreaturen jede Art von Geselligkeit zutiefst zuwider, sobald die Geräuschkulisse ein dezentes Gemurmel überschreitet oder viele (mehr als sechs), dazu noch wildfremde Menschen zugegen sind. Und bitte keine Gäste ohne Vorankündigung.

Dabei ist es nicht so, daß KREBS-Katzen ausgesprochen ungesellig sind. Natürlich hocken sie nicht immer nur gerne im engsten Familienkreis zu Hause herum. Gelegentliche gemütliche Treffen im kleinen und vertrauten Rahmen sind durchaus nach ihrem Geschmack. Bevorzugt sind jede Art von Familienfeiern. Dann darf der Personenkreis auch ruhig mal etwas größer ausfallen. Besonders schätzt Ihr melancholisches Pelztier jene Anlässe, bei denen auch hartgesottene Naturen zumindest kurzfristig vor Rührung vergehen. Beispielsweise an Weihnachten, am Fünfundneunzigsten von Tante Linchen oder an einer Konfirmation. Bei solchen Gelegenheiten ist es nicht ausgeschlossen, daß sogar Ihr zugeknöpftes KREBS-Katzentier immerhin kurzfristig auftaut und sich gnädig reihum kraulen läßt. Oder sich – wer hätte das gedacht – Kunststückchen vorführend produziert. Hierbei dürfte es sich aber ganz gewiß um eine der seltenen gesellschaftlichen Sternstunden Ihres Mondwesens handeln. Gewöhnlich scheuen diese Katzen das Rampenlicht und stellen sich niemals in den Mittelpunkt.

Apropos Mittelpunkt: Den stellt für eine KREBS-Katze grundsätzlich der kulinarische Teil der Feier dar, ob Sie nun ein kaltes Buffet bieten, ein mehrgängiges Menü oder eine tortenbeladene Kaffeetafel. Vergessen Sie bitte nie, daß nicht nur Ihr Magen, sondern auch der Ihres vierbeinigen Lieblings knurrt. Geben Sie Ihrer Katze reichlich, ausnahmsweise auch mal überreichlich von den Köstlichkeiten ab. Mit wohlgefülltem Bäuchlein drückt auch die schrulligste Mondkatze mal ein Auge zu, wenn die Stimmung auszuufern droht. Durchzechten Nächten aber kann ein KREBS kaum etwas abgewinnen, obwohl gerade diese im Element des Wassers geborenen Geschöpfe einen anständigen Schluck so gut wie nie zurückweisen. Aber alles zu seiner Zeit. Sorgen Sie also stets dafür, daß rechtzeitig (vor Mitternacht) Schluß ist. Sollten einige Gäste in höchst unkrebsischer Manier dennoch länger ausharren wollen, haben Sie immer noch eine Chance, sich nicht den Unmut Ihrer Katze zuzuziehen: Stellen Sie das Katzenkörbchen an ein ruhiges Plätzchen und ein Schälchen mit Kognakbohnen daneben. Oder ein Schüsselchen Eiscreme mit Schuß. Angesichts solch verbotener Köstlichkeiten läßt selbst die krebsischste aller KREBS-Katzen noch mal Gnade vor Recht ergehen.

Wenn eine Krebs-Katze ihr Herz verliert

Bis das Herz einer KREBS-Katze Feuer fängt oder gar in hellen Flammen lodert, muß gewöhnlich schon einiges vorausgehen. Lassen sich diese besonnenen Wesen in Liebesdingen doch ebensowenig zu impulsiven Handlungen hinreißen wie in anderen Angelegenheiten. Der Grund für ihre zurückhaltende Art liegt vor allem in ihrer übergroßen Furcht vor Verletzt- und Abgewiesenwerden. Mißerfolge verdaut die sensible KREBS-Natur schwerer als jedes andere Tierkreiszeichen. So ist es kaum erstaunlich, daß KREBS-Katzen schweren Herzens anderen Bewerbern den Vortritt lassen, wenn sie sich der Zuneigung ihres Schwarms nicht völlig sicher sind. Auch widerstreben ihrem feinfühligen Gefühlshaushalt alle aufdringlichen Rolligkeits- und Balzrituale zutiefst.

Beobachtet man KREBSE bei ihrem Werben um die Gunst des anderen Geschlechts, drängt sich der Gedanke auf, daß Liebe wohl doch Sünde ist. Dabei sind mondbeherrschte Katzen oder Kater keineswegs prüde. Nur stellen sie sich ganz augenscheinlich auf den Standpunkt, daß ihre Intimsphäre niemanden etwas anzugehen hat. So wird die verliebte Kätzin sich kaum zu einem Rendezvouz am hellichten Tage überreden lassen. Und schon gar nicht in belebten Gegenden. Vielleicht helfen Sie ihrem Liebesglück dezent ein wenig nach. Öffnen Sie dem werbenden Kater die Haustür und gehen Sie für ein paar Stunden aus. Ihre Kätzin wird sich nicht verkuppelt fühlen, sondern geborgen in den eigenen vier Wänden ihr zärtliches Techtelmechtel genießen. Das naturgemäß nicht ohne Folgen bleibt. Auch wenn Sie diesen Folgen besorgt entgegensehen (wohin mit dem meist reichen Kindersegen?), sollten Sie Ihrer KREBS-Katze wenigstens *einmal* die Freuden des Mutterglücks gönnen. Ist doch der Mond – unter dessen Regentschaft Ihr Tier das Licht der Welt erblickte – das Symbol der Fruchtbarkeit, überhaupt des weiblichen Prinzips. Und zudem des Gefühls, der Seelenwärme. Eine der besten und glücklichsten Katzenmütter der Welt wird Ihnen liebevoll und voll tiefstem Stolz ihre allerliebsten Kleinen präsentieren.

Ihr verliebter KREBS-Kater zeigt sich beim Werben um die Gunst seiner Schönen eher noch zurückhaltender als das Mond-Katzenweibchen. Zwar wird er Minnegesänge anstimmend vor dem hoffentlich nicht zu hellerleuchteten Fenster der Kätzin seines Herzens ausharren, aber bestimmt nicht in einer klaren Vollmondnacht. Dieses Tier wartet geduldig, bis der Mond des Strahlens müde und die Allerliebste mürbe ist. Um einige Wochen später glücklich und keineswegs mehr lichtscheu in aller Öffentlichkeit kundzutun, wer bei seinen selbstverständlich bildhübschen Katzenkindern der Erzeuger ist. Im

Gegensatz zu «normalen» Katern sind KREBS-Männer nämlich nicht nur hingebungsvolle Väter, sie wollen auch, daß alle Welt weiß, was in jener dunklen Nacht mit wem geschah.

Die Krebs-Katze in Sachen Gesundheit und Reisen

Eine erkrankte KREBS-Katze kann man keinesfalls als pflegeleicht bezeichnen. Nicht weil die medizinische Versorgung größere Probleme aufwirft. Im Gegenteil: Ein kranker KREBS wird begierig jede Art von Heilungsmitteln zu sich nehmen. Er wird den widerlichsten Lebertran wie Sahne schlabbern, Unmengen von bunten Pillen ohne Murren vertilgen und das verletzte Pfötchen beflissen zum Verbandwechsel hochheben. Die hohe Schule der Mond-Katzenpflege beginnt also nicht beim Ersinnen von Listen, wie Nasentropfen oder Zäpfchen verabreicht werden können, sondern mit der Übung in der Kunst des Gedankenlesens, dem hellsichtigen Erahnen trüber Stimmungen und Depressionen, noch bevor diese Sturmtiefs die Seele Ihres Tiers erreichen konnten. Eben noch kann Ihr pelziger Patient trotz seines Gebrechens dank Ihrer liebevollen Fürsorge wohlig schnurrend in seinem Körbchen liegen, um Minuten später jämmerlich maunzend einer seiner heftigen Stimmungsschwankungen zu erliegen. Waren Sie nicht in der Lage, diesen seelischen Wetterumschwung vorherzusehen, hetzen Sie möglicherweise gerade jetzt – wo Ihr Liebling Sie am meisten braucht – durch den überfüllten Supermarkt.

Natürlich hetzen, denn lange allein lassen dürfen Sie Ihren Patienten auf keinen Fall. Ihr Tier verfügt über ungeheure Einbildungskraft und Phantasie, und das vor allem auf dem Krankenlager. Selbst bei harmlosen Leiden fühlt sich eine echte KREBS-Katze dem Tode geweiht und wird trüben Sinnes kläglich vor sich hinsiechen. Nur Ihre liebevolle Allgegenwart oder ein gutfunktionierender Wachwechsel vertrauter Mitmenschen vermögen das seelische Gleichgewicht Ihres Tieres zu sichern.

Das ist für eine baldige Genesung mindestens ebenso wichtig wie alle Pillen und Pülverchen der Schulmedizin.

Gesundheitliche Schwachpunkte bei Mondkatzen sind vor allem der Magen und das Verdauungssystem. Kummer schlägt ja bekanntlich auf den Magen, und so haben die sensiblen KREBSE Magengeschwüre förmlich für sich gepachtet. Aber auch der Brustbereich (Geschwüre), die Nieren und die Blase zählen zu den anfälligen Körperregionen.

Bei KREBS-Katzen gleich welchen Geschlechts läßt sich ein zumindest zarter Hang zur Hypochondrie kaum übersehen. Schon ein leichter Schnupfen reicht aus, um diese Tiere alle viere von sich strecken zu lassen und Sie in Angst und Schrecken zu versetzen. Suchen Sie lieber immer gleich einen Tierarzt auf, auch wenn es vielleicht wieder mal – gottlob – falscher Alarm ist. Sie haben ein gutes Gefühl – und Ihre Katze auch. Weiß sie doch, daß man ihre Beschwerden ernst nimmt und in liebevoller Umsicht gleich alle nötigen Schritte einleitet.

Wenn einer eine Reise tut, hat er was zu erzählen . . .! Genau darauf vertraut ein typischer KREBS. Selbst wenig reiselustig, genügt es diesen Tieren vollauf, die Welt sozusagen aus zweiter Hand kennenzulernen. Zieht es Sie in ferne Länder, erweisen Sie Ihrem KREBS den größten Gefallen, wenn Sie ihn in die Obhut liebevoller Pflegeeltern geben. Aber bitte nicht in eine Katzenpension! Zusammen mit wildfremden Tieren und Menschen trägt eine KREBS-Katze mit fast hundertprozentiger Sicherheit unheilbare seelische Schäden davon.

Vielleicht lassen sich Ihre Reisepläne ja auch mit den Neigungen Ihrer Katze unter einen Hut bringen. Bevorzugte Reisegegenden Ihres Mondtiers sind wasserreiche Gegenden. Auch am Meer wird Ihre Katze zwar kaum den Badefreuden frönen, sich aber ausgesprochen wohl fühlen. Vorausgesetzt, Sie reisen nicht in der hektischen Haupturlaubszeit. Keinesfalls sollten Sie Ihren KREBS mit zu vielen fremden Kontakten strapazieren (fremde Tiere inbegriffen). Suchen Sie sich ein gemütliches Ferienhaus oder eine Ferienwohnung weit ab vom Getriebe. Und lassen Sie

Ihre Katze lieber dort ein paar Stunden allein, als sie auf jeden Ausflug mitzuschleppen. Selbst wenn Ihr Reiseziel noch so KREBS-gerecht ist, wird Ihr Vierbeiner beim Abschied vom Feriendomizil keine Träne vergießen. Endstation Sehnsucht Ihres bodenständigen Tieres ist immer und ausschließlich sein Zuhause.

Löwe

24. Juli bis 23. August

Herrschendes Gestirn: Sonne
Element: Feuer
Temperament: cholerisch
Glücksstein: Diamant

Vorherrschende Eigenschaften bei Menschen

Positiv: treu, willensstark, charmant, ehrlich, salonfähig, großzügig

Negativ: eingebildet, stur, rechthaberisch, eifersüchtig, verschwenderisch, egoistisch, herrschsüchtig, prahlerisch

So erkennen Sie eine Löwe-Katze

Eine echte LÖWE-Katze trabt oder galoppiert nicht einfach so in der Landschaft herum. Sie schreitet! Dabei trägt sie ihr Haupt würdevoll, erhaben, und eigentlich müßte eine Krone das pelzige Köpfchen schmücken. Ob Kätzin oder Kater: Fast immer hat ihr Auftreten etwas Blaublütiges an sich. LÖWEN scheinen altem Adelsgeschlecht zu entstammen. Gewiß nennt man die Großkatzen gleichen Namens nicht zufällig die Könige des Tierreichs.

Wesen des Tierkreiszeichens LÖWE umhüllt stets ein Hauch von Unnahbarkeit. Sie werden kaum erleben, daß eines dieser stolzen Geschöpfe für nichts und wieder nichts seine Distanziertheit Ihnen oder anderen Fremden gegenüber aufgibt. Es sei denn, im kosmischen Stammbaum hätte ein ZWILLING oder SCHÜTZE mitgemischt. Dann dürften Sie auf eine etwas zugänglichere Art hoffen.

Um sich einer typischen Sonnenkatze zu nähern, wäre es angebracht, ihr gebührend den Hof zu machen. Bewundern Sie ihr glänzendes Fell. Loben Sie in höchsten Tönen ihre wunderschönen, funkelnden Augen. Legen Sie die Hand aufs Herz und versichern Sie, einem so edlen Geschöpf bislang nur im Traum begegnet zu sein. Dann zeigt sich dieses hochwohlgeborene Pelztier durchaus geneigt, ausgiebige Streicheleinheiten aus Ihren bürgerlichen Händen entgegenzunehmen.

Glauben Sie nun bitte nicht, LÖWEN seien einfach eingebildete, von sich selbst überzeugte und eitle Viecher (wobei sie von allen genannten Eigenschaften sicherlich ein Quentchen in sich tragen). Ihr angeborener Stolz verbietet ihnen einfach, mit jedem Dahergelaufenen anzubändeln. Das aristokratische Äußere dieser Feuerwesen wird neben dem majestätischen Gang noch durch eine kerzengrade, aufrechte Haltung ergänzt. Sitzt oder – richtiger gesagt – thront eine LÖWE-Katze auf einem Gartenpfosten, drängt sich der Gedanke auf, sie habe einen Stock verschluckt. Dabei sind ihre Bewegungen keineswegs steif oder eckig. Graziös und anmutig durchschreitet sie ihr Revier. Offen

Löwe

und furchtlos blickt sie mit selbst für kätzische Verhältnisse ungewöhnlich schräg gestellten Augen Mensch und Tier offen an.

Ein athletischer Körperbau, dazu meist ein zumindest leicht gewellter und – besonders an der Halspartie – üppiger Haarwuchs vervollständigen die kosmischen Merkmale dieser stattlichen Kreatur. Trotz allem zur Schau getragenen Imponiergehabe sind LÖWE-Katzen übrigens keineswegs immer so selbstsicher, wie es den Anschein erwecken mag. Sie können Kränkungen nur schwer verkraften und haben eine leicht verwundbare Seele. Wer LÖWE-Katzen Kälte nachsagt, der versteht es eben nicht, bis zu ihrem großen, warmen Herzen vorzudringen. Was zugegebenermaßen allerdings nicht immer ganz einfach ist.

Wie ein Löwe-Katzenkind aufwachsen möchte

Haben Sie ein LÖWE-Katzenbaby im Haus, dann halten Sie bitte von Anfang an das Zepter fest in beiden Händen. Möglich, daß Ihr maunzendes Katzenknäuel auf den ersten Blick einen ach so hilflosen Eindruck auf Sie macht. Schauen Sie lieber gleich ein zweites Mal und etwas genauer hin. Blickt Ihr kleiner LÖWE wirklich aus fremdelnder Scheu heraus, in der Mitte des Wohnzimmers sitzend, fragend in die Runde? Oder mustert er vielleicht nur kritisch und abschätzend die neue Umgebung? Höchstwahrscheinlich ist letzteres der Fall. Ebensowenig wie Ostern und Weihnachten je auf einen Tag treffen werden, ängstigt sich ein LÖWE in einer neuen Umgebung. Warum auch? Diesem sonnigen Sternzeichen gehört die Welt – wem sonst? Und selbstverständlich auch Ihr Zuhause, in dem Sie ab sofort (wenn Sie sich entsprechend aufführen) immerhin noch wohlgelitten sind.

Eigentlich dachten Sie, daß Sie auch weiterhin das Regiment wenigstens in den eigenen vier Wänden führen? Das ist nicht völlig auszuschließen, wenn Sie ein paar Spielregeln beachten. Lassen Sie Ihren neuen Hausgenossen wenigstens in den ersten

Tagen mit Demonstrationen von Macht- und Besitzansprüchen zufrieden. Führen Sie sich nicht auf, als würde Ihnen alles, einschließlich das Kätzchen selbst, gehören. Und spielen Sie nicht den Besserwisser oder altklugen Erzieher. LÖWEN-Babys können es aus tiefster Seele hassen, eingeengt oder bevormundet zu werden.

Wollen Sie die Achtung dieses siegesbewußten Wesens erringen, zeigen Sie sich souverän und nicht kleinlich. Auch wenn Ihr Herz an der ebenso antiken wie verschlissenen Polstergarnitur von den Urgroßeltern hängt, reagieren Sie nicht aufmüpfig, wenn kleine Krallen diese Sentimentalität sichtbar mißachten. Tradition ist eine Sache, Stil und Standesbewußtsein eine andere. Kleine LÖWINNEN und LÖWEN haben es nicht mit schäbigen Überbleibseln aus Urzeiten. Antiquitäten (weil wertvoll) sind zwar durchaus nach ihrem Geschmack. Aber bitte in repräsentativer, restaurierter Form. Natürlich können auch andere Möbelstücke, Bilder, Gardinen und so weiter dem Mißmut des kleinen LÖWEN zum Opfer fallen. Diese Tiere haben Geschmack, da können Zweibeiner noch was lernen.

Pech ist natürlich, daß Sie das nicht alles schon vorher wußten. Dann hätten Sie statt der knapp veranschlagten Kosten für eine Katze (Fressen, Körbchen, gelegentlich Tierarzt) sicherlich großzügiger kalkuliert. Stellen Sie halt eine neue Rechnung auf, es bleibt Ihnen kaum etwas anderes übrig. Werden bemängelte Einrichtungsgegenstände umgehend durch passendere Stücke ersetzt, empfindet Ihr Liebling das nicht als seichte Nachgiebigkeit. Damit haben Sie bewiesen, daß es Ihnen bisher nur an Zeit, nicht an Geld mangelte, um die wohnlichen Mißstände zu beseitigen. Und Sie sind in den schrägen Augen Ihres Königskindes ein ebenbürtiger Partner.

Erteilen Sie Ihrer LÖWE-Katze keine Befehle. Behandeln Sie sie mit angemessenem Respekt. Setzen Sie dieses Tier niemals vor anderen herab. Eigentlich ist es ganz einfach: Geben Sie Ihrem LÖWEN-Kind ordentlich Zucker. Mit Lob und Zärtlichkeit können Sie bei diesem anscheinend unnahbaren Tier alles erreichen. Badet es sich doch förmlich in Ihren Schmeicheleien und streckt nur allzugern einmal alle viere von sich, um – des Kräftemessens müde – auf dem Schoß seiner liebevollen Katzeneltern neue Kraft zu schöpfen.

Natürlich können Sie Ihrem LÖWE-Kätzchen nicht alles durchgehen lassen, sonst stehen Sie bald nicht mehr auf der Kommandobrücke. Versuchen Sie es mit Kompromissen. Toben Sie beispielsweise statt des verdienten Mittagsschläfchens mit Ihrem Kätzchen herum. Dann können Sie später auch die Sportschau oder den dreimal im Programm angekreuzten Spielfilm ungestört genießen. Vergessen Sie nie: Katzen sind stolz und eigen, Sonnenkatzen der Multiplikator dieser Eigenschaften.

Geduld, Nachsicht und Kompromißbereitschaft allein reichen jedoch nicht aus, um Ihr LÖWEN-Kind wirklich glücklich zu machen. Nehmen Sie es nachts, oder wenn es sonst keiner sieht, in Ihre liebevollen Arme. Und stärken Sie mit zärtlicher Hand und ebensolchen Worten sein keineswegs so absolutes Selbstvertrauen. Glätten Sie das manchmal struppige Seelenfell Ihres LÖWEN-Babys, dann wird es schnurren statt brüllen. Und die so lebenswichtige Dominanz seines Katzenlebens nicht mehr gewaltsam demonstrieren, sondern sich seiner und Ihrer sicher sein.

Wie Sie das Herz einer Löwe-Katze erobern

An und für sich pflegen Hauskatzen die Lebensgewohnheiten von Menschen kommentarlos anzunehmen. Sie stehen zur gleichen Zeit auf wie ihre zweibeinigen Katzeneltern, halten ein Mittagsschläfchen oder auch nicht. Und verschwinden ohne Murren abends in ihr Körbchen, wenn Frauchen oder Herrchen das Licht ausknipsen. Nicht so eine LÖWE-Katze. Diese dominanten Tiere sehen die Sachlage eher umgekehrt und scheinen die Meinung zu vertreten, daß Sie Ihre Anpassungsfähigkeit unter Beweis zu stellen haben. Typische LÖWEN – ob Weibchen oder Männchen –

kämpfen mit äußerster Beharrlichkeit für ihre Wünsche und bekommen auch meist, was sie wollen.

Wenn Sie nicht wie Hund und Katz mit Ihrem LÖWEN leben möchten, gilt es, sich zu arrangieren. Zählen Sie beispielsweise zur Gruppe der geborenen Langschläfer, Ihre agile Katze aber wird beim ersten Hahnenschrei schon munter? Dann sollten Sie sich zumindest aus den weichen Daunen erheben, um ein erstes Frühstück für Ihr Tier herzurichten, das Katzenklo frischzumachen und ein paar nette Spielsachen zurechtzulegen. LÖWEN sind keine böswilligen Tyrannen. So versorgt, drücken sie durchaus ein Auge zu, wenn Sie dann wieder in Ihrem weichen Bett versinken. Aber übertreiben Sie die Gemütlichkeit nicht. Länger als eine Stunde wird Ihnen kaum als Galgenfrist zugebilligt. Nicht weil von der Sonne beherrschte Wesen unfähig wären, sich allein zu beschäftigen, sondern weil sie es als eine Mißachtung ihrer Person empfinden, wenn ihre Gegenwart längere Zeit ignoriert wird. Ihr Liebling spielt halt gerne Mittelpunkt. Und das funktioniert schließlich nur dann, wenn der gesamte oder zumindest ein Teil des Hofstaates (also Sie und Ihre Familie) versammelt sind.

Selbstverständlich erwartet niemand von Ihnen, daß Sie sämtliche liebe Gewohnheiten ab sofort über Bord werfen und Ihr Leben vollkommen umkrempeln. Es genügt, wenn Sie sich in wesentlichen Dingen anpassungsfähig zeigen. So sollte Ihre Tageseinteilung genügend Spielraum für gemeinsame Aktivitäten mit Ihrem Tier lassen. Feuerkatzen lieben Abwechslung, sie verabscheuen einen ewig gleichen Alltagstrott. Tragen Sie dieser Vorliebe Rechnung, und planen Sie immer mal eine willkommene Abwechslung ein. Das kann ein Schaufensterbummel mit anschließendem Café-Besuch sein. Aber bitte nur im ersten Haus am Platze und nicht in irgend so einem schäbigen Schuppen, wo Studenten, verkannte Künstler oder andere Hungerleider bei Gummibrötchen und dünnem Kaffee glücklich sind. Ihre Sonnenkatze bewegt sich mit Vorliebe in den feinsten Kreisen. Sie liebt noble Restaurants und teure Geschäfte.

Auch bei der Wahl bevorzugter Speisen läßt sich ein gewisser Hang zu Luxus und Ausgefallenem schwerlich übersehen. Ihr Tier möchte Sie nicht finanziell ruinieren, dazu ist es viel zu gutmütig und verständig. Es wird nicht erwartet, daß täglich Kalbsgeschnetzeltes, Heilbuttfilet oder Tatar den Napf füllen. Mit Dosenfutter, Fleisch aus dem Sonderangebot oder gar irgendwelchen Küchenabfällen aber dürfen Sie ihm nicht kommen. Es wird ganz klar Wert gelegt auf Frische und Qualität. Und auch auf Quantität! Zwar kann man LÖWEN nicht als ausgesprochene Fresser bezeichnen, aber doch als sehr gute Esser. Gerade bei diesen Tieren gilt der Spruch: Ein hungriges Tier ist ein böses Tier. Lassen Sie es gar nicht so weit kommen. Reichen Sie mehrere Mahlzeiten pro Tag, die in angenehmem Rahmen verzehrt werden können (aufgeräumte Küche, gedämpfte Musik und ein apartes Deckchen unter dem Futtergeschirr).

Wovon Ihre LÖWE-Katze außer Essen kaum genug bekommen kann, sind Lob und Bewunderung. Sie können ihr gar nicht oft genug sagen, welch bildhübsche Öhrchen, welch seidiges Fell und was für himmlische Augen sie hat. Ganz gleich, ob es sich um eine Kätzin oder einen Kater handelt: Komplimente sind fast wichtiger als das stets frische Trinkwasser im blitzblanken Näpfchen. So selbstbewußt und fordernd sich Sonnengeschöpfe meist geben, so verletzbar sind sie in der tiefsten Höhle ihres Herzens. Müssen sie eine Kränkung oder eine Niederlage hinnehmen, stürzen Welten ein. Lassen Sie Ihr Tier nie mit seinem Kummer allein. Zeigen Sie ihm, daß Sie es immer lieben und achten. Auch und gerade dann, wenn es einmal gestrauchelt ist.

Will der Kummer gar nicht vergehen, so sinnen Sie nach einem Geschenk für Ihren Liebling. Gekonnte Aufmerksamkeiten lassen Sonnenwesen selbst tiefsten Gram rasch vergessen und erwecken sie zu neuer Lebensfreude. Aber kaufen Sie keinen billigen Plunder. Es sollte schon was Besonderes sein. LÖWEN lieben Glücksspiele. Wie wäre es also mit einem Tischroulette? Auch Geschicklichkeitsspiele sind gefragt. Ein Billardtisch hat doch sicher noch irgendwo Platz. Da Ihr Tier nicht gerade uneitel

– oder sagen wir es lieber ganz offen – ausgesprochen eitel ist, kann ein alter (weil wertvoller) Spiegel einen wahren Freudentanz auslösen. Zufrieden wird sich Ihr mächtiger LÖWE in seinem Ebenbild sonnen und ahnen, daß Sie alles – oder fast alles – für ihn zu geben bereit sind.

Die Löwe-Katze in Gesellschaft

LÖWE-Kätzinnen und -Kater sind die geborenen Gesellschafter. Wissen diese Tiere sich doch ebenso sicher wie gewandt auf dem Parkett zu bewegen. Ob Sie nun zum Fünf-Uhr-Tee eingeladen sind, ein Kaffeekränzchen veranstalten oder eine Party geben wollen – Ihr Pelztier wird Sie niemals blamieren. Der Hang zum Repräsentieren (unfreundliche Zeitgenossen meinen zum Protzen) ist einem Sonnenwesen schon in die Wiege gelegt.

Falls Sie zu Gast gebeten sind oder Gäste erwarten, begehen Sie bloß nicht den Fehler, sich wie ein Aschenputtel zu kleiden. Holen Sie Ihr edelstes Stück aus dem Schrank, behängen Sie sich mit schweren Klunkern. Würgen Sie die edelste Seidenkrawatte um den Hals, und zwängen Sie sich in den besten Anzug. Schließlich will sich Ihr Tier Ihrer nicht schämen müssen, sondern mit Ihnen glänzen. Und es trägt gewiß alles in seiner Macht Stehende dazu bei, um auch sich selbst ins rechte Licht zu rükken.

Nicht nur LÖWE-Weibchen, auch ein Kater dieses Sternzeichens wird sich geraume Zeit vor dem Aufbruch mit unermüdlicher Ausdauer pflegen. Geben Sie Ihrem Pelztier mit Kamm und Bürste noch den letzten Schliff, dann kann es losgehen. Nehmen Sie Ihre LÖWE-Katze aber bitte nicht mit zu knauserigen Leuten, wo sich die Bewirtung in einem unansehnlichen Teekuchen aus dem Supermarkt erschöpft und als einzige Dekoration simple Papierservietten die Brandlöcher im Tischtuch verdecken. Eine solche Sparflammen-Einladung empfinden Sonnenkreaturen als herbe Brüskierung. Wenn LÖWEN feiern, soll alles vom Feinsten sein, und die dargebotene Speisenfolge darf getrost an ein Hochzeitsmenü erinnern.

Besonders beliebt sind größere Festivitäten, bei denen sich der Kreis der geladenen Personen ab dreißig aufwärts bewegt. Allerdings darf sich die Gesellschaft nicht in erster Linie aus abgerissenen Existenzen zusammensetzen. Zumindest etwas Prominenz sollte sich auf dem Schauplatz tummeln. Es versteht sich von selbst, daß Sie das Fest eine schöne Stange Geld kosten wird. Aber das ist Ihnen Ihr guter Ruf und der Ihrer Katze sicherlich wert. Mit Kartoffelsalat, Würstchen und abschließendem Eis mit Heiß ist es hier nicht getan. Glauben Sie Ihrem LÖWEN: Geld ist dazu da, um es mit vollen Pfoten auszugeben.

Haben sich alle Gäste einschließlich Ihrer Katze den Ranzen so richtig vollgeschlagen, schlägt die Stunde für einen Auftritt Ihres Sonnentieres. Sollten Sie noch nicht wissen, daß LÖWEN gern im Rampenlicht stehen, dann lassen Sie es sich hiermit gesagt sein. Bauen Sie also ins Festprogramm Profilierungsmöglichkeiten für den pelzigen Künstler ein. Vielleicht eine Kostprobe seines musischen Talents auf der Klaviatur Ihres Flügels. Oder die tolle Tarzan-Nummer (vom Vorhang übers kalte Buffet in die Kokospalme). Da die darstellerischen Fähigkeiten löwiger Katzen sehr vielseitig sind, werden Sie selbst am besten wissen, was ankommt.

Auch wenn übermüdete Nachbarn schon mehrmals telefoniert und uniformierte Ordnungshüter sich persönlich vom Tatbestand der Ruhestörung überzeugt haben: Brechen Sie nicht abrupt die Zelte ab. Die Spießer von nebenan können sich schließlich Watte in die Ohren stopfen, und auf ein paar Mark Bußgeld kommt's auch nicht mehr an. Erst wenn Ihre Katze mit zwar vor Müdigkeit versagenden Beinen, aber noch immer erhobenen Hauptes das Körbchen ansteuert, ist es Zeit, zum Aufbruch zu blasen.

Wenn eine Löwe-Katze ihr Herz verliert

LÖWE-Weibchen oder -Männchen als liebestolle Draufgänger zu bezeichnen, wäre absolut falsch. Zwar wird Ihre Feuerkatze kaum den Wunsch verspüren, Mauerblümchen zu spielen. Und Ihr Kater wird sich als einer der galantesten Freier im Revier präsentieren. Doch das Liebeswerben einer Sonnenkatze läuft nicht auf die plumpe, aufdringliche Art ab. Diese stolzen Wesen verabscheuen es, irgend jemandem nachzurennen, und auch beim Liebesgeflüster sollte ein gewisser Stil gewahrt bleiben. So werden Sie kaum erleben, daß Ihr Kater nach nächtelangem Rumstreunen verdreckt und mit zerrauftem Fell heimkehrt. Und wenn Ihre Kätzin lustwandelt, tut sie dies auf Samtpfoten und nicht mit gierig ausgefahrenen Krallen.

Katzen dieses Tierkreiszeichens haben es nicht nötig, sich mit ihrem Konkurrenten zu duellieren oder der vulgären Nebenbuhlerin die Augen auszukratzen. Auch ergehen sie sich nicht in lauten ruhestörenden Balzritualen. LÖWEN verfügen gerade in der Liebe über ein ausgeprägtes Selbstbewußtsein. Läßt der oder die Angebetete sie abblitzen, dann war sie oder er ihrer eben nicht würdig. Daß ihr hochgepriesener Charme mal nicht ausgereicht haben könnte, kommt ihnen gar nicht erst in den Sinn. Wer könnte denn daran zweifeln, daß ein LÖWE äußerst anziehend und begehrenswert ist?

Bemüht sich eine Kätzin allzu offensichtlich um die Gunst eines Feuer-Katers, zeigt er ihr die kalte Schulter. Er will der Eroberer sein! Ist sein Herz einmal entflammt und seine Liebe erhört, lodert die Leidenschaft wie eine Stichflamme. Alle angeborene oder angedichtete Arroganz scheint wie verflogen. In zärtlicher Hingabe widmet sich Herr LÖWE nun seinem Traumweibchen. Das selbstverständlich mehr als vorzeigbar ist. Wie könnte es anders sein, als daß sich der König des Tierreichs mit der schönsten Kätzin weit und breit schmückt?

Auch das LÖWE-Katzenweibchen legt bei der Partnerwahl Wert auf ein angenehmes Äußeres. Will sie sich doch mit ihrem

Auserwählten auch bei Tageslicht zeigen können, ohne sich hoffnungslos zu blamieren. Stellt sich aber heraus, daß ihr Liebster ein Don Juan ist, kann er seine Braut gleich vergessen. LÖWINNEN sind ausgesprochen eifersüchtig und zeigen sich bar jeder Toleranz, wenn der Herzallerliebste vor aller Augen einen Seitensprung riskiert. Wobei sie selbst es mit der Treue unter Umständen nicht ganz so genau nehmen.

Auch wenn die Beziehung zwischen Ihrer Kätzin und ihrem Auserwählten absolut rund ist, hegt ein LÖWE-Weibchen kaum Brutgedanken. Sie ist mehr für die Liebe ohne Folgen zu haben. Sie wird ihre Jungen zwar liebevoll ein paar Tage bemuttern, aber kein mütterlicher Katzenjammer überfällt sie, wenn sich die süßen Kleinen bald abnabeln. Die Hauptarbeit mit den hilflosen Winzlingen liegt bei Ihnen. Wenn Sie Ihre Kätzin sterilisieren lassen, wird sie das kaum unglücklich machen. Kindbett und Aufzucht findet sie weniger wunderbar als ein flottes Leben.

Die Löwe-Katze in Sachen Gesundheit und Reisen

Für LÖWE-Katzen bedeuten Krankheiten lästige Schwächen. Es ist nun mal nicht ihr Fall, die Zeit mit müßigem Herumliegen zu vertun. Auch widerspricht es dem stolzen Naturell Ihres pelzigen Herrschers, elend vor sich hinsiechend auf andere angewiesen zu sein. Richtige LÖWEN verabscheuen Niederlagen aus tiefstem Herzen. Und als solche werden Unpäßlichkeiten und Gebrechen empfunden. Hütet Ihre Kätzin oder Ihr Kater das Krankenbett, ist schon einiges Fingerspitzengefühl erforderlich, um den etwas schwierigen Patienten auch seelisch wieder aufzurichten. Lassen Sie vor allem keine fremden Besucher an sein Lager. Niemand darf den darniederliegenden König sehen.

Gesundheitliche Schwachstellen sind bei Sonnentieren vor allem das Herz und der Kreislauf. Außerdem der Unterleibsbereich (Entzündungen). Auch können LÖWE-Katzen ganz plötzlich hohes Fieber bekommen und sind häufig unfallgefährdet

(Knochenbrüche, Zerrungen). Wenn es diese Tiere einmal erwischt hat, dann meist auch gleich richtig.

Selbst wenn Ihr LÖWE noch so sehr leidet, munzt und maunzt er Ihnen kaum die Ohren voll, erwartet aber auch von Ihnen, daß Sie sich nicht gehenlassen und mit rotgeheulten Augen an seinem Körbchen knien. Diese Tiere möchten nicht bemitleidet werden. Sie haben aber durchaus nichts dagegen, sich so richtig bemuttern und verwöhnen zu lassen. Nehmen Sie sich reichlich Zeit für Ihren pelzigen Patienten. So gut sich LÖWE-Katzen normalerweise allein beschäftigen können, so tödlich langweilen sie sich in ärztlich verordneter Ruhestellung. Natürlich können Sie nicht vierundzwanzig Stunden bei Ihrem Liebling ausharren. Teilen Sie Ihnen nahestehende Personen zum Schichtdienst ein, falls Sie dringende Besorgungen machen müssen. Wenn Sie sich nur für kürzere Zeit aus dem Krankenzimmer entfernen, genügt es, den Fernsehapparat oder Video-Recorder einzuschalten.

Daß Katzen an und für sich ausgesprochen bodenständige Tiere sind, ist sicherlich richtig. Doch auch hier bestätigt die Ausnahme die Regel. LÖWE-Kätzinnen und -Kater leiden förmlich unter Fernweh. Dabei gilt das Motto: Je weiter weg die Reise geht, desto besser. Das eigene Land näher kennenzulernen, übt wenig Reiz auf ein Feuertier aus. Diese Geschöpfe sind die geborenen Weltenbummler. Verfallen Sie jetzt aber bitte nicht auf die für einen LÖWEN perverse Idee, mit Zelt und Schlafsack herumzuzigeunern. Ihr Pelztier lebt nicht nur zu Hause, sondern auch und gerade unterwegs gern komfortabel.

Im Flugzeug nimmt Ihre Katze zugunsten der schnellen Fortbewegungsmöglichkeit ohne Murren mit der Kiste im Laderaum vorlieb. Reisen Sie aber mit dem Zug, sollten Sie unbedingt Erste Klasse fahren. Und steigen Sie am Urlaubsort nicht in der preiswerten Familienpension mit Klo überm Gang oder der spartanisch eingerichteten Ferienwohnung ab. Diese Knausrigkeit wird Ihnen ein LÖWE kaum verzeihen. Wenn Sie sich keine angemessene, also luxuriöse Unterkunft leisten können, bleiben Sie lieber daheim.

Begehen Sie um Himmels willen nicht den Fehler, einen einsamen Ort als Ziel Ihrer Wünsche auszusuchen. Oder sich in einem von jeglichem Urlaubstrubel verschonten Bergdorf einzunisten. Zumindest eine größere Stadt, eine elegante Promenade oder ein mehrsterniges Restaurant sollten schon in der Nähe sein. Kinder der Sonne brauchen nun mal pulsierendes Leben um sich. Sie wollen sehen und gesehen werden.

Jungfrau

24. August bis 23. September

Herrschender Planet: Merkur
Element: Erde
Temperament: phlegmatisch
Glücksstein: Rauchtopas

Vorherrschende Eigenschaften bei Menschen

Positiv: wissensdurstig, anpassungsfähig, pflichtbewußt, ordnungsliebend, warmherzig, friedfertig, mitfühlend

Negativ: pedantisch, neugierig, argwöhnisch, rechthaberisch, kleinlich, verschlossen

So erkennen Sie eine Jungfrau-Katze

Sollte eine Katze dieses Sternzeichens Ihren Weg kreuzen oder bei Ihnen wohnen, dürften Sie schon bald das Geheimnis ihrer kosmischen Herkunft gelüftet haben. Zeigen sich diese Tiere doch ebenso befangen und zurückhaltend, wie es der Name JUNGFRAU erwarten läßt. Gleich welchem Geschlecht merkurische Erdtiere angehören: Es braucht ein gutes Maß Geduld, diese bepelzten Eisberge aufzutauen und ihr Zutrauen zu gewinnen. Starren Sie ein solches Wesen einmal wie ein Weltwunder an. Aufdringlicher Blickkontakt mit ihnen fremden Zweibeinern bringt JUNGFRAU-Katzen in peinlichste Verlegenheit. Versuchen Sie dann noch, das Fellchen ungefragt zu streicheln, wird dieses Tier sichtlich erbeben. Entweder vor Scheu oder aus Wut über diese handgreifliche Indiskretion. Es wird mit angelegten Öhrchen und gesenktem Schwanz schleunigst das Weite suchen. Umgekehrt hätte eine typische JUNGFRAU-Katze niemals den Mut, sich anderen Wesen forsch zu nähern und sie mit widerlicher Penetranz in Bedrängnis zu bringen.

Die meisten Katzen finden Gefallen an ausgiebiger Körperpflege, ist ihnen der Putztrieb doch schon in die arteigene Wiege gelegt. Wenn Sie aber eine JUNGFRAU-Katze beim pfötchenleckenden Fellsäubern beobachten, übersteigt der Reinigungsprozeß sowohl in seiner zeitlichen Dauer wie auch im Hinblick auf die Intensität die kätzische Norm bei weitem. Wobei ein JUNGFRAU-Kater nicht weniger akribisch vorgeht als sein weibliches Pendant. Peinliche Körperhygiene ist für diese Geschöpfe ein absolutes Muß! Sehen Sie eine Katze mit zerzaustem oder gar verfilztem, schmutzigen Fell, handelt es sich kaum um eine JUNGFRAU. Ein allzeit untadeliges Aussehen ist darum ein deutlicher Hinweis auf den astrologischen Stammbaum.

Hektische Bewegungen gehören nicht ins Repertoire dieser Erdkatzen. Selbst wenn sie es mal eilig haben, jagen sie nicht wie ein aufgeschrecktes Wiesel durchs Gelände, sondern bewegen sich in einer Art gesetzter Eile vorwärts.

Jungfrau

Bei aller Ruhe und Zurückhaltung, die JUNGFRAU-Katzen an den Tag legen, sticht ihr geistvolles, aufgewecktes Mienenspiel ins Auge. Mit meist ungewöhnlich hellen und klaren Augen erfassen sie alles, was um sie herum vorgeht, im Zeitraffer. Dank Merkur zeichnen sich diese Tiere durch rasche Auffassungsgabe und oft durch hohe Intelligenz aus. So erlernen JUNGFRAU-Katzen mühelos Künste wie Schlüssel umdrehen, Wasserhähne öffnen oder Türklinken runterdrücken. Falls Sie also irgendwo klingeln und eine Katze öffnet Ihnen die Wohnungstür – so wird's wohl eine JUNGFRAU sein.

Das optische Erscheinungsbild dieses Tierkreiszeichens ist nicht nur durch ein adrettes Äußeres geprägt, auch an der schlanken und drahtigen Figur lassen sich die Ende August bis tief in den September geborenen Katzen erkennen. Häufig sind sie sogar ausgesprochen mager, auch wenn der heimische Futternapf gut gefüllt ist. Eine fette JUNGFRAU-Katze sichten Sie so selten wie Ufos in Ihrer Stammkneipe.

Wie ein Jungfrau-Katzenkind aufwachsen möchte

Geradezu unerläßlich für das Wohl eines JUNGFRAU-Kätzchens ist ein geregelter, um nicht zu sagen eingefahrener Lebensrhythmus. Gehören Sie zu den Menschen, die am liebsten einfach so in den Tag hineinleben, denen jede Ablenkung oder Überraschung eine allzeit willkommene Abwechslung im öden Alltagstrott bedeutet? Die heute in aller Herrgottsfrühe aufstehen, um morgen bis in die Puppen zu schlafen? Die sich gern die Nächte um die Ohren schlagen und das Wort «Zeitgefühl» nur vom Hörensagen kennen? Dann hören Sie mal auf Ihr Katzenkind.

Ordnung ist das halbe Leben, heißt es so schön. Für Ihre kleine JUNGFRAU allerdings fast das ganze. Was sich sowohl auf einen geordneten Tagesablauf als auch auf die räumlichen Gegebenheiten bezieht. Ihr Herzblatt ist durchaus bereit, sich Ihren Gepflogenheiten anzupassen. Nur schafft es das kaum, wenn Sie diese ständig ändern. Entweder sind Sie also Frühaufsteher, Normalaufsteher oder Langschläfer – und bleiben es auch. Nur bitte nicht heute hü, morgen hott und übermogen hü-hott (bis auf wenige, berechtigte Ausnahmen). Derlei JUNGFRAU-untypisches Gebaren verunsichert Ihren Wollknäuel bis ins Innerste. Um gedeihen zu können, muß seine kleine Welt überschaubar und verständlich sein. Sonst entwickelt sich dieses Kätzchen zu einem nervösen, überängstlichen und scheuen Sonderling.

Schier unmöglich ist es, die Essenszeiten nicht pünktlich einzuhalten. Keineswegs, weil Sie einen kleinen Fresser bei sich aufgenommen haben. Sondern weil der JUNGFRAUEN angeborene nervöse Magen bei unregelmäßiger Fütterung rebelliert und Ihr Liebling entweder keinen Bissen mehr runterbekommt oder alles wieder ausspuckt. Warten Sie also nicht, bis ein zwar zaghaftes, aber unüberhörbar klägliches Hungermiauen Sie ermahnt. Am besten stimmen Sie Ihre Essenszeiten mit denen Ihrer Katze ab. Schließlich sind geregelte Mahlzeiten auch für Nicht-JUNGFRAUEN bekömmlicher als ein hastig zwischendurch heruntergeschlungener Imbiß.

Füttern Sie Ihren kleinen Partner mit all dem, was Tierärzte und einschlägige Industrien als für Katzenbabys bekömmlich empfehlen. Ihr schon im zarten Kindesalter verständiges Kätzchen wird ohne Murren alles genüßlich verzehren und nicht nach dem Inhalt Ihres Kochtopfs äugen. Im Gegenteil! Sollten Sie diesem Jungtier in einem Anflug von übertriebenem Wohlwollen geräucherte Fischhäppchen, Sahneeis oder fetten Mayonnaise-Krabbencocktail anbieten, wird Ihr Schützling die Leckerbissen mit entrüstet erhobenem Pfötchen zurückweisen. Zugegeben – vielleicht nicht *immer*. Schließlich hat auch das vernünftigste aller vernünftigen JUNGFRAU-Kätzchen mal eine schwache Stunde.

Daß alle Eß- und Trinknäpfe peinlich saubergehalten werden sollten, ist dem Thema Fütterung unbedingt noch hinzuzufügen. Wie überhaupt Ihr ganzes Zuhause um Himmels willen nicht an einen Schweinestall erinnern darf. Ihr winziger Pedant ist nämlich nicht nur überaus bazillenfürchtig, sondern verabscheut Unordnung aus tiefstem Herzen. Bei mehr oder weniger übersehbarer Schlamperei hört die Gemütlichkeit auf. Da vergißt die kleine JUNGFRAU ihre angeborene Zurückhaltung und räumt in ungeahnt aggressiver Weise auf. Überall herumfliegende Illustrierte werden kurzerhand zerfetzt, sich in der Küche türmende schmutzige Teller- und sonstige Geschirrberge geschickt in Scherbenhaufen verwandelt. Und die sich wolkenartig ballenden Staubflocken hinter dem Sofa schmücken des Kätzchens zartes Fell möglicherweise gerade dann, wenn Ihre akkurate Schwiegermutter auf den Plan tritt.

Das bislang Gelesene mag Sie nachdenklich stimmen und ein komisches Gefühl in Ihrer Magengrube erzeugen – außer Sie sind selbst eine JUNGFRAU, ein STEINBOCK oder besitzen planetarische Ähnlichkeit mit diesen Tierkreiszeichen. Denn wie sind so ungemütliche Erwartungen ohne herbe Opfer realisierbar? Nun, auch Ihr JUNGFRAU-Baby kocht seine Wünsche nur mit Wasser. Versuchen Sie, die Schwerpunkte zu verlagern, ohne aber das bisher Gelernte völlig zu vergessen. Über Spiel und Spaß vergißt Ihr ernster, introvertierter Liebling nämlich, zumindest vorübergehend, all die ehernen Regeln, die ihm das Element der Erde und der Merkur diktieren. Ermuntern Sie Ihren winzigen Pelzling, sorglos aus sich herauszugehen, um Zeit und Raum zu vergessen. Am leichtesten gelingt das, wenn *Sie* sich völlig ungezwungen geben. «Mach's wie Hans» heißt ein beliebtes Kinderspiel. Seien Sie der Hans; klettern Sie über Tische und Stühle, jagen Sie eine Spielzeugmaus ohne Rücksicht auf umkippende Gegenstände durchs Zimmer und graben Sie die Wurzeln Ihrer Zimmerpalme aus (die sowieso längst umgetopft werden müßte). Wie durch ein Wunder ist Ihr Katzenkind plötzlich Hans, darf endlich mal alle Zurückhaltung, Disziplin, Ordnungsliebe und andere JUNGFRAU-Tugenden vergessen und dem manchmal allzu strengen Reglement seiner astrologischen Abstammung wenigstens kurz entfliehen. Um schließlich ebenso glücklich wie ermattet auf Ihrem Schoß zu landen und sich vertrauensvoll die so notwendigen Streicheleinheiten zu erbitten. Dieses Katzenkind braucht zwar – vielleicht – keine unendlich langen Schmusestunden, aber ungeheuer viel Lob und Aufmunterung.

Wie Sie das Herz einer Jungfrau-Katze erobern

Möglicherweise überkommt Sie ab und zu das unbestimmte Gefühl, Ihr Tier schlage sich mit gravierenden Problemen herum. Schlich es doch soeben gesenkten Kopfes an Ihnen vorüber, als würde sein letztes Stündlein schlagen. Oder es schaut Sie mit nachdenklicher (oder sogar vorwurfsvoller) Miene an, obwohl es noch vor fünf Minuten genüßlich den Inhalt des wahrhaft wohlgefüllten Futternapfs verzehrte. Vielleicht bilden Sie sich ja nur ein, daß Ihre Katze ein Kummer plagt? Nun, in den meisten Fällen trügt Ihr erstes Gefühl nicht.

Obwohl gerade JUNGFRAU-Katzen bei oberflächlicher Betrachtung einen eher phlegmatischen und uninteressierten Eindruck erwecken, nehmen sie doch regen Anteil an allem, was um sie herum vorgeht. Wachen Auges registrieren sie, wieviel Trinkgeld der Paketpost-Mann kassiert! Sie mustern, scheinbar vor sich hindösend, in Wahrheit aber hellwach und kritisch, die aus prallen Einkaufstüten hervorgezauberten Schätze oder stellen im Nebenzimmer die Öhrchen aufgeregt nach vorn, während Sie sich unbelauscht glaubend über diverse unnütze Anschaffungen unterhalten. Kurz: Ihrem pelzigen Mitbewohner entgeht fast nichts. Hätte er das Sagen und die Pfote auf dem Portemonnaie, es gäbe keine endlosen Diskussionen über die ewige Geldknappheit.

JUNGFRAU-Tiere brauchen unbedingt Sicherheit, das Gegenteil macht sie krank. Muß denn wirklich dreimal täglich diese hysterische Nachbarin klingeln, um ebenso unnützes wie wirres Zeug zu plappern? Und Ihre lautstarken Fehden mit anderen Familienmitgliedern müssen doch auch nicht unbedingt sein.

Natürlich erwartet keine JUNGFRAU-Katze, daß auf diesem Planeten alles «Friede, Freude, Eierkuchen» ist. Aber Sie sollten doch ein wenig Rücksicht üben, um Ihrem Liebling wenigstens die ärgsten Kümmernisse zu ersparen.

Von ungeheurer Wichtigkeit für das Wohlergehen Ihres Tieres ist es, daß es sich jederzeit ungestört in sein Körbchen zurückziehen kann. JUNGFRAU-Katzen sind zwar keine Eremiten, brauchen aber manchmal einige Stunden vollkommener Abgeschiedenheit und Ruhe. Bauen Sie Ihrem pelzigen Mitbewohner sein Nest dort, wo tagsüber niemand etwas verloren hat. Aber bitte nicht im Gästezimmer! Sonst müßten Sie Ihre Besucher ab sofort anderswo unterbringen. Es wäre ein unverzeihlicher Fehler, Fremde ein- und Ihre JUNGFRAU auszuquartieren.

Vierbeinige JUNGFRAUEN lieben helle Farben. Statten Sie das Körbchen mit sonnengelben Kissen aus, streichen Sie die Wände im Reich Ihrer Katze in eben diesem Ton. Verbannen Sie alles aus Ihrem Heim, was düster oder grell wirkt. Ob orangefarbener Teppichboden gerade in ist oder nicht, für Ihr Tier ist er grundsätzlich out!

Sind Sie mal längere Zeit außer Hauses, müssen Sie sich keine Sorgen um Ihre JUNGFRAU-Katze machen. Diese Erdwesen vereinsamen alleine nicht, sondern genießen eher die Beschaulichkeit solch friedlicher Stunden. Auch wenn Sie schon frühmorgens das Haus verlassen, um erst um Mitternacht zurückzukehren, holen Sie bloß nicht in zärtlicher Besorgtheit einen Katzensitter. Ihr Schützling würde das zum einen als Bevormundung werten, zum anderen unter der Allgegenwart des fremden Eindringlings wirklich leiden. Vorausgesetzt natürlich, daß Ihre längere Abwesenheit die Ausnahme bildet. Denn obwohl diese merkurischen Katzen gut allein zurechtkommen, ist ihnen Ihre Gegenwart doch tausendmal lieber.

Vergessen Sie nicht, Ihrem Pelztier vor allem nach längerer Abwesenheit immer etwas mitzubringen. Schließlich freut sich auch – oder vielleicht gerade? – die selbstgenügsame JUNGFRAU über kleine Aufmerksamkeiten. Beweisen Sie damit doch, liebevoll an Ihr Herzblatt gedacht zu haben. Besonders gefragt ist alles, womit sich wirklich etwas anfangen läßt – möglichst lehrreiches Spielzeug. Beispielsweise ein Holzrechenschieber, ein Puppenklavier oder auch ein Kartenspiel. JUNGFRAU-Katzen sind nicht nur sehr gelehrig, sondern auch ausgesprochen geschickt. Sie vermögen in kürzester Zeit, die Kügelchen des Rechenschiebers nach kätzisch-mathematischem Schema zu ordnen oder unter zwanzig verdeckten Spielkarten den Herzbuben zu entdecken. Ausgiebiges Schmusen gehört selbstverständlich auch zur Begrüßungszeremonie. Wenn Sie dann vielleicht aus der Einkaufstüte noch eine leckere eßbare Belohnung hervorzaubern, ist das Glück Ihrer Katze vollständig.

Die Jungfrau-Katze in Gesellschaft

Schon allein Worte wie «Gesellschaft» oder «Party» können bei typischen JUNGFRAUEN einen Adrenalinschock auslösen. Sie sehen vor ihrem geistigen Auge eine wüste Horde lärmender Schnorrer Haus und Hof bevölkern. Kaum anders ergeht es einem Pelztier dieses Sternzeichens. Eine JUNGFRAU-Katze ist nun mal ein Stubentiger und kein Salonlöwe. Niemals käme es diesem Wesen in den Sinn, freiwillig die Strapazen einer mehrstündigen Gegenwart von unüberschaubaren Menschenmassen auf sich zu nehmen. Wollen Sie an Ihrem Geburtstag, zu Silvester oder einem anderen Anlaß unbedingt eine Fete veranstalten, so geben Sie Ihre Katze für diese heiße Nacht in gute Hände. Und holen Sie sie bloß nicht ab, bevor sämtliche Spuren Ihres Budenzaubers beseitigt sind.

Nun ist es keineswegs so, daß merkurische Erdkatzen grundsätzlich ungern feiern. Doch sollten Sie bei Einladungen einige wichtige Regeln beachten. JUNGFRAU-Katzen legen Wert auf den guten Ruf ihrer Menscheneltern. Schließlich fällt das Gegenteil auch auf sie zurück. Und sie können es nicht ertragen, wenn die gesamte Nachbarschaft über Ihren lockeren Lebenswandel tuschelt. Auch zeigt Ihr pelziger Hausgenosse nicht die geringste Lust, sich die Nächte um die Ohren zu schlagen. Streichen Sie also alle von der Einladungsliste, die zur Gruppe der berüchtigten Zechbrüder oder krakeelenden Stimmungsmacher gehören. Auch jene, die nach dem Motto leben: «Ist der Ruf erst ruiniert, lebt sich's völlig ungeniert.» Im Grunde setzt Ihr Tier voraus, daß Sie solchen fragwürdigen Umgang ohnehin meiden.

Für die Art der Einladung stehen Ihnen mehrere Möglichkeiten offen. Bitten Sie beispielsweise zu einem netten Kaffeekränzchen, einem gepflegten Hauskonzert, zum Fünf-Uhr-Tee oder Fondue-Essen. Ihre Gäste sollten über Ihr Vorhaben ebenso rechtzeitig informiert werden wie Ihre Katze. Hereingeschneite Besucher sind Ihrem Liebling in den meisten Fällen ein Greuel. Einfach so hereinzuplatzen, ohne den geringsten Anlaß, das grenzt für eine waschechte JUNGFRAU schon an gesellschaftliche Perversion.

Bevor dann die Gäste anrücken, gilt es erst mal, Ordnung zu schaffen. Genauer gesagt, Sie sollten *sämtliche* Räumlichkeiten auf Hochglanz bringen (dabei bitte das Katzenklo nicht übersehen). Ihr Einkaufszettel darf übrigens getrost diverse Extras aufweisen und üppiger als sonst ausfallen. Bitte achten Sie nicht nur auf die erforderliche Quantität, sondern auch auf standesgemäße Qualität!

Daß wahre Geselligkeit nicht nur Essen und Trinken beinhaltet, versteht sich wohl von selbst. Gerade von Merkur beherrschte Katzen lieben geistvolle Unterhaltung und hitzige Diskussionen. Interessiert wird Ihr Tier klugen Gesprächen lauschen und ab und zu dem Gesagten gedämpft miauend beipflichten. Weniger gern wird es gesehen, wenn der Besuch sich langsam, aber sicher an Alkoholischem berauscht. Kann man das festliche Klima aber trotzdem noch als angenehm und zivilisiert bezeichnen, drückt Ihre Katze auch mal beide Augen zu. Sie läßt sich zwar kaum auf dem Schoß eines lallenden Zweibeiners nieder, vertreibt ihn aber auch nicht fauchend und kratzend aus der frohen Runde. Schließlich weiß gerade das vernünftige JUNG-

FRAU-Tier, daß halt jeder so seine kleinen Schwächen hat. Und es wird sich – bevor Ihre Feier doch noch in ein Gelage auszuufern droht – rechtzeitig verabschieden.

Wenn eine Jungfrau-Katze ihr Herz verliert

Daß JUNGFRAU-Katzen beiderlei Geschlechts selten überstürzt oder unbesonnen handeln, überträgt sich auch auf ihr Verhalten in Sachen Liebe. Nie schenkt eine typische JUNGFRAU-Kätzin einem aufdringlichen und eingebildeten Papagalli-Kater auch nur einen kurzen Blick. Geschweige denn ihr Herz. Das nämlich läßt sich kaum im Sturm erobern. Und wenn, dann gewiß nicht von einem Weiberhelden. Auch der merkurianische Kater nimmt seine Angebetete erst einmal testend unter die Lupe, bevor er eine ernsthaftere Bindung in Erwägung zieht. JUNGFRAU-Weibchen und -Männchen gehen grundsätzlich nicht der oder dem Erstbesten auf den Leim. Dafür ist ihnen das Risiko, zum Narren gehalten oder bitter enttäuscht zu werden, einfach zu groß.

Obwohl sich diese Tiere beim Liebeswerben durchaus selbstbewußt geben, ist gerade Selbstbewußtsein nicht ihre größte Stärke. Auch wenn es manchmal nicht den Anschein hat, sind pelzige JUNGFRAUEN durchaus leidenschaftlich und sinnlich. Aber sie sind nicht so sexbesessen, daß sie sich blindlings in jede Affäre stürzen. Sie verrennen sich eben nicht in Phantasiewelten, sondern bleiben mit allen vier Pfötchen fest auf dem Boden der Tatsachen.

Wenn Ihre JUNGFRAU-Katze trotz geduldigem Umschauhalten keinen passenden Partner findet, wird ihr das dennoch kaum das Herz brechen. Diese Tiere leiden nicht unter Torschlußpanik. Soll doch die leichtlebige Kätzin von nebenan das Rennen machen. Sie wird schon sehen, was dabei herauskommt. Eine JUNGFRAU-Kätzin hat ein ausgeprägtes moralisches Empfinden. Sie kann sich zwar recht kokett geben, ist aber letztlich ein

«Pflänzchen rühr mich nicht an». Es sei denn, die große Liebe ist ihr begegnet. Dann wirft sie alle Jungfräulichkeit über Bord und bekennt sich vor Gott und der Welt zu ihren Gefühlen, erwartet aber von ihrem Angebeteten die gleiche Konsequenz. Fremdgehen gilt nicht, bis Fräulein JUNGFRAU stolze Katzenmutter wird. Auch dann ist ihr das Treiben ihres Herzenskaters zwar nicht gleichgültig, aber es nimmt vorerst einen eher zweitrangigen Stellenwert ein.

Auch der JUNGFRAU-Kater ist weder ein Abenteurer, noch sonderlich romantisch. Stundenlanges Süßholzraspeln und albernes Beweihräuchern seiner Flamme liegt diesem realistischen Freier fern. Hat er aber einmal sein Herz verloren, kann er im Taumel plötzlich auftretender süßer und berauschender Gefühle ungeahnte Leidenschaften freisetzen, die Öhrchen seiner Schmusekatze zärtlich küssen und sie – zumindest für jungfräuliche Verhältnisse – aufmerksam hofieren. Trotz aller entflammten Glut aber verliert dieses Erdtier nie den Sinn für die Wirklichkeit. Vergöttert seine Flamme plötzlich noch einen anderen, wird er sich zwar enttäuscht, aber nicht vollkommen zerschmettert abwenden. Hat er doch im Grunde gar nicht zu hoffen gewagt, an der Endstation Sehnsucht angekommen zu sein.

Die Jungfrau-Katze in Sachen Gesundheit und Reisen

Die schon fast legendäre Bazillenfurcht der im Zeichen der JUNGFRAU geborenen Wesen trägt nicht gerade zur Stärkung der Abwehrkräfte bei. «Dreck macht Speck» – meint der Volksmund. Was wohl nichts anderes bedeutet, als daß übertriebene Hygiene verweichlicht und man sich somit einen Bärendienst erweist. Tatsache jedenfalls ist, daß der Abwehrmechanismus bei JUNGFRAU-Katzen meist nur zögernd funktioniert. Dennoch sind diese Tiere zäher, als es ihr oft schwächliches Äußeres und der angeborene Pessimismus vermuten läßt. Von Merkur beherrschte Erdkatzen zeichnen sich im Falle einer Erkrankung durch geradezu erstaunliche Robustheit aus, die sie relativ rasch genesen läßt.

Viele Leiden Ihres Hausgenossen werden durch innere Nervosität und seelischen Druck verursacht. Kein Wunder, daß sich vor allem der Magen und der Verdauungstrakt und auch das Nervensystem unstabil zeigen. Als liebevolle Katzeneltern können Sie diesen Krankheiten mit etwas Geduld vorbeugen helfen. Anfällig sind außerdem die Nieren (sorgen Sie für einen stets gefüllten Wassernapf), die Leber und die Lunge. Häufig werden JUNGFRAU-Katzen auch von Rheuma und Gicht geplagt.

Muß Ihr Tier das Krankenbett hüten, spielen Sie bitte nicht allzu sichtbar den Mitleidenden. Fassungsloses Schluchzen und verzweifeltes Händeringen ermutigt und stärkt Ihren entkräfteten Liebling kaum. Lassen Sie sich also bitte nicht hängen. Einer JUNGFRAU-Katze zu zeigen, wie krank sie ist, hieße Eulen nach Athen tragen. Optimismus und Fröhlichkeit sind die beste Medizin für Ihr mattes Tier. Lesen Sie dem kritischen Patienten unbedingt das Rezept des Tierarztes vor, erläutern Sie die Wirksamkeit der verschiedenen Präparate. Verabreichen Sie Pillen, Säfte und warme Brustwickel pünktlich auf die Minute und in exakter Dosierung. Wacker schluckt dieses Tier auch die bitterste Arznei, vertilgt ohne Murren Tabletten und Kapseln. Achten Sie darauf, daß absolute Ruhe im Krankenzimmer herrscht. Riegeln Sie Ihr Tier sozusagen hermetisch von der Außenwelt ab. Beachten Sie diese Regeln, so haben Sie beste Chancen, schon bald die Freude der Genesung mit Ihrer Katze teilen zu dürfen.

Wenn Sie Prospekte für den nächsten Urlaub wälzen, sollten Sie dabei die Eigenarten und Vorlieben Ihres Schützlings nicht unberücksichtigt lassen. Überschlagen Sie alle Seiten, die ausgelassene Menschenmassen in ebenso spektakulären wie überfüllten Regionen zeigen. Besser wühlen Sie sich gar nicht erst durch Berge von bebilderten Beschreibungen der hunderttausend schönsten Fleckchen dieser Erde, sondern gehen mit klaren Vorstellungen – nämlich denen Ihrer pelzigen JUNGFRAU – ins Reisebüro. Definieren Sie Ihre Wünsche in etwa so: Recht viel Sehenswertes sollte der Urlaubsort bieten, aber bitte keine lärmenden Touristenscharen aufweisen. Die Unterkunft? Mittlere Preisklasse, gediegene Atmosphäre, himmlisch ruhig, freundlicher Service. Und selbstverständlich blitzsauber. Schließlich möchte Ihr Tier das Zimmer nicht mit mehreren Millionen Viren teilen.

Denken Sie im Taumel der Reisevorfreude nicht nur an irgendwelchen extra erworbenen modischen Firlefanz. Packen Sie Nützliches ein, warme Pullover für kalte Nächte (auch wenn es in den Süden geht), Regenschirme und -mäntel (man weiß ja nie). Natürlich auch das Körbchen Ihres Lieblings und eine wohlgefüllte Reiseapotheke. Vergessen Sie den Fotoapparat nicht! Schließlich wollen Sie und Ihre JUNGFRAU-Katze sich doch noch viele Stunden an den gelungenen Urlaubsdias Ihrer Traumreise erfreuen.

Waage

24. September bis 23. Oktober

Herrschender Planet: Venus
Element: Luft
Temperament: sanguinisch
Glücksstein: Aquamarin

Vorherrschende Eigenschaften bei Menschen

Positiv: gefühlvoll, anmutig, freundlich, liebenswürdig, sympathisch, beliebt, diplomatisch

Negativ: beeinflußbar, eitel, leichtlebig, bequem, verschwenderisch, leichtsinnig

So erkennen Sie eine Waage-Katze

Das sanguinische Temperament luftiger Venus-Kätzinnen und -Kater läßt sich in seiner Intensität sogar an Äußerlichkeiten wahrnehmen. Hat Sie schon mal eine wildfremde Katze aus besonders hübschem Gesichtchen fröhlich angelacht? Dann sind Sie mit Sicherheit einem Vertreter des Sternzeichens WAAGE begegnet. Natürlich können *alle* pelzigen Vierbeiner lachen. Nur werden sie das gewöhnlich nur bei besonderen Anlässen und kaum bei Unbekannten tun. WAAGE-Katzen sind ausnehmend freundliche und zugängliche Wesen, die am liebsten die ganze Welt umarmen möchten. Auch an ihrem Gang lassen sich diese Tiere erkennen. Sie bewegen sich stets mit graziler Anmut und scheinen beschwingten Pfötchens in einer Art Walzerschritt durchs Leben zu tänzeln. Venus-Katzen präsentieren sich immer ausnehmend adrett und gepflegt. Irgendwie machen sie den Eindruck, als entstamme ihr Fellkleid der neusten Modekollektion.

Unter der Zeichenherrschaft des Planeten Venus geborene Luft-Kreaturen lassen sich kaum als uneitel bezeichnen. So treiben WAAGE-Katzen denn auch einen selbst für kätzische Verhältnisse enormen Aufwand bei der Körperpflege. Ein Kater dieses Tierkreiszeichens kann gelegentlich etwas feminin erscheinen, da er gleich seinem weiblichen Pendant höchsten Wert auf ein ansehnliches Äußeres legt. Katzen, die mit verschmutztem oder regennassem Fell durch die Landschaft traben, sind jedenfalls keine WAAGEN. Daß so viel Anmut, Grazie und Schönheit bewundert werden muß, versteht sich von selbst. Sie können diesen Pelztieren gar nicht genug schmeicheln und dürfen sich in der Huldigung dieser kleinen Persönlichkeit förmlich überschlagen. Überglücklich setzt sich Ihr Gegenüber dann in Pose, um wohlig schnurrend Ihren Applaus zu genießen.

Ein klares kosmisches Indiz ist die panikartige Furcht dieser friedfertigen Tiere vor jeder Art von Disharmonie. Streiten Sie einmal lautstark vor WAAGE-Katzen, beschimpfen Sie den Brief-

Waage

träger mit schriller Stimme oder schmeißen Sie einen Teller an die Wand. Fluchtartig wird jede WAAGE-Katze den Schauplatz verlassen und sich vorerst kaum mehr blicken lassen. Auch an der Furcht vor Entscheidungen läßt sich eine WAAGE als solche identifizieren. Stellen Sie ihr ein Schüsselchen mit Milch, eins mit Wasser, eins mit gebratenen Leberhäppchen und ein weiteres mit köstlichem Tatar vor das rosige Näschen. Verstört wird eine waschechte WAAGE all die guten Sachen mustern, um dann in hoffnungsloser Unentschlossenheit gar nichts anzurühren. Wenn Sie sich noch immer nicht sicher sind über den kosmischen Stammbaum, dann bieten Sie ihr ein Schälchen mit Likör an. Säuberlich schlabbern zwischen Ende September und Ende Oktober geborene Katzen das hochprozentige Naß bis zum letzten Tröpfchen auf. Ebenso süßen wie klebrigen geistigen Getränken kann eine WAAGE nämlich kaum widerstehen.

Wie ein Waage-Katzenkind aufwachsen möchte

Während viele Katzenbabys die ersten Tage in fremder Umgebung scheu und kläglich maunzend verbringen, haben Sie bei der kleinen WAAGE-Katze eher das Gefühl, sie sei schon ewig bei Ihnen. Venus-Wesen nehmen die Dinge so, wie sie kommen, ohne mit komplizierten Gefühlen oder Ängsten belastet zu sein. Sind sie doch dank ihres luftigen Temperaments die geborenen Lebenskünstler und passen sich neuen Situationen mühelos an. Hauptsache – und das ist für WAAGE-Katzen ungeheuer wichtig – Ihr Familienzuwachs ist nicht allein. Alleinsein nämlich ist absolut unerträglich für dieses Katzenkind und führt gerade in frühester Kindheit zu schweren Verhaltensstörungen. Wenn Sie eine kleine WAAGE-Katze wirklich einmal einsam zu Hause zurücklassen müssen, wird sie zwar kaum randalieren oder den Nestbeschmutzer spielen. Sie wird sich auch durchaus freundlich und zugänglich bei Ihrer Rückkehr zeigen. Kommt eine solche Einzelhaft aber häufiger vor oder ist sie gar die Regel, entwickelt sich

Ihr Schützling zu einem nervösen, verängstigten und aggressiven Geschöpf, das seine Neurosen sichtbar an Polstermöbeln, Tapeten, Grünpflanzen und so weiter ausläßt und sämtliche Räume als Katzenklo benutzt. Lassen Sie es also bitte nicht erst so weit kommen.

Im Gegensatz zu vierbeinigen JUNGFRAUEN oder STEINBÖKKEN braucht eine WAAGE Ihre Nähe und Gesellschaft dringender als das tägliche Futter. Am besten gedeiht Ihr WAAGE-Katzenkind in einer Großfamilie, wo von Oma und Opa bis zu den Urenkeln alles einträchtig unter einem Dach lebt. Was heutzutage ja leider eher die Ausnahme darstellt. Setzt sich Ihre Familie nur aus Ihnen und Ihrem Partner zusammen? Mehr als ein zweibeiniger Erbe ist auch nicht vorgesehen? Oder zählen Sie gar zur Schar eingefleischter Singles? Dann müssen Sie zwar nicht unbedingt Ihre ehernen Lebensgrundsätze über Bord werfen, sollten aber darüber nachsinnen, wie sich Ihr trautes Heim etwas zahlreicher bevölkern ließe. Beispielsweise, indem Sie noch ein zweites Katzenkind oder einen Hund unter Ihre Fittiche nehmen. Eine größere Freude können Sie Ihrem geselligen Liebling kaum bereiten.

Ebenso wichtig wie möglichst viele Familienmitglieder ist diesen Tieren der häusliche Friede. Natürlich wird sich kaum ein Tier wohl fühlen, wenn ständig die Fetzen fliegen. Für ein WAAGE-Katzenkind aber sind Harmonie und Ausgeglichenheit ein notwendiges Lebenselixier. Wenn Sie also unbedingt streiten wollen oder Krach suchen, tragen Sie Ihre Kämpfe im Kohlenkeller oder auf dem Speicher aus, aber bitte nicht vor den entsetzten Augen Ihrer Katze. Der anschließenden Versöhnung wohnt die kleine WAAGE natürlich gerne bei.

Auch bei der Erziehung sollten Sie Samthandschuhe tragen. Schnauzen Sie Ihr Tier nicht an, nur weil es seine kleinen Krallen an Ihrer exquisiten Ledertasche oder Seidentapete im Schlafzimmer ausprobiert hat. Venuswesen lieben nun mal schöne und luxuriöse Dinge. Räumen Sie das nächste Mal Ihre Tasche eben ordentlich weg und schließen Sie die Schlafzimmertür in Ihrer

Abwesenheit. Sie besitzen noch mehr edle Dinge, die sich nicht ständig vor Ihrem Liebling verstecken lassen? Welch ein Glück für Ihr Katzenbaby, das als typische WAAGE erlesenen Geschmack und den Hang zum Luxus förmlich für sich gepachtet hat. Und im übrigen in seiner friedfertigen Art nicht darauf aus ist, Ihr Heim zu verunstalten.

Kleine WAAGEN sind keineswegs begriffsstutzig, sondern im Gegenteil ausgesprochen aufgeweckt. Am besten lernen diese Tiere durch Ihr Vorbild. Versuchen Sie also, Ihre Wünsche zu demonstrieren. Sie müssen deswegen nicht aufs Katzenklo gehen. Sollte aber mal ein feuchtes Fleckchen den Fußboden verunzieren, stellen Sie das Katzenklo auf diese Stelle statt zu schimpfen. Nehmen Sie Ihrem Pelztier sanft Ihre neue Strumpfhose aus den Pfötchen und geben Sie ihm dafür ein rosarotes, hellgrünes oder hellblaues Garnröllchen (WAAGE-Kätzchens Lieblingsfarben). Tragen Sie es von der Tapete zum Katzenbaum und führen Sie ihm vor, wozu der gut ist. Sofort leuchtet Ihrem Fellknirps ein, was erlaubt ist und was es wo zu tun gilt.

Dem Harmoniebedürfnis eines WAAGE-Katzenkindes sollte auch bei der Einnahme von Mahlzeiten Rechnung getragen werden. Eine Selbstverständlichkeit sind saubere Futternäpfe, möglichst in seinen Lieblingsfarben, vielleicht auch noch eine passende Decke darunter. Das Futter bitte regelmäßig und in angenehmer, ruhiger Atmosphäre reichen. Auch wenn es Ihnen nichts ausmacht, Ihr Frühstück im Stehen hinunterzuschlingen, dürfen Sie keine Hektik aufkommen lassen, wenn Ihr Katzenkind speist.

Manchmal kann Ihr sonst so ausgeglichener und vergnügter Sanguiniker urplötzlich von einem seelischen Regenschauer überrascht werden. Er versinkt in tiefe Melancholie und zieht sich mit gesenktem Köpfchen und Schwänzchen in Ihren Wäscheschrank zurück. Lassen Sie ihn jetzt nicht allein mit seinem unerklärlichen Kummer. Nehmen Sie Ihr Wollknäuel in Ihre liebevollen Arme, herzen und drücken Sie es. Wenn ausgiebige Streicheleinheiten nicht helfen, verfahren Sie nach folgendem Patentrezept: Halten Sie Ihrem Kätzchen einen Spiegel vor das rosige Näschen. Loben Sie dabei in höchsten Tönen die hübschen Augen, das samtige Fellchen und überhaupt alle Vorzüge seiner anmutigen Persönlichkeit. Vorbei ist's mit der Niedergeschlagenheit! Bewunderung und Lob sind das beste Heilmittel, um die dunklen Wolken auf der Seele einer kleinen WAAGE zu vertreiben.

Wie Sie das Herz einer Waage-Katze erobern

Da WAAGE-Katzen wahrhaftig nicht als uneitel zu bezeichnen sind, wäre es gut, diesem Wesenszug hinreichend Rechnung zu tragen. Luftige Venus-Kreaturen möchten Ihnen und anderen gefallen – und natürlich auch sich selbst. Deshalb ist ein neben dem Körbchen angebrachter, nicht zu kleiner Spiegel schon fast ein absolutes Muß. Er bietet Ihrem Liebling nicht nur die Möglichkeit, ungestört die Morgen-, Abend- und Zwischendurchtoilette zu zelebrieren, sondern schenkt ihm zusätzlich völlige Unabhängigkeit von meist in häufig frequentierten Badezimmern oder stillen Örtchen hängenden Spiegeln. Ihr Kater wird sich übrigens ebenso intensiv in seinem Spiegelbild sonnen wie Ihre Kätzin. Der Wunsch, durch attraktives Aussehen Anklang zu finden, ist beim Tierkreiszeichen WAAGE sozusagen geschlechtsneutral. Für den katzeneigenen Spiegel dürfen Sie ruhig etwas tiefer in den Geldbeutel greifen. Mit einem schönen antiken Stück mit reich verziertem, edel gearbeitetem Rahmen lägen Sie goldrichtig ...

Obwohl Ihr pelziger Mitbewohner sich selbst rege seiner Körperpflege widmet, liebt er es über alles, wenn Sie ihm Öhrchen, Augen und Barthaare putzen und ihn vor allem kämmen, kämmen und nochmals kämmen. Ob Ihr Liebling nun eine langhaarige Perserkatze oder ein Geschöpf mit kurzem Fellkleid ist, gönnen Sie ihm nicht nur an hohen Feiertagen eine Behandlung mit

Katzen-Trockenshampoo, und vergessen Sie nicht, ihm nach beendeter Kosmetikstunde reichlich Applaus zu spenden!

Das alles mag ein wenig danach klingen, als seien Katzen dieses Sternzeichens eitle Gecken, die sich nur mit Äußerlichkeiten befassen. Dem ist nicht so. Aber Gepflegtsein gehört nun mal unabdingbar zum Lebensglück einer bepelzten WAAGE. Was sich selbstredend auch auf Ihr Aussehen bezieht. Lassen Sie sich bitte nicht gehen, laufen Sie nie wie der letzte Penner herum. Reißen Sie sich zusammen, bieten Sie schon am Frühstückstisch einen erfreulichen Anblick. Das kommt außer Ihrer Katze schließlich auch weiteren Mitbewohnern zugute.

Ob Ihre WAAGE-Katze regelmäßig Auslauf hat oder im wahrsten Sinn des Wortes ein Stubentiger ist: Immer werden es diese Tiere begrüßen, mit Ihnen gemeinsam etwas zu unternehmen. Sie lassen sich gerne Halsband und Leine anlegen, wenn das Katzengeschirrchen mit der Farbe des Fells harmoniert und einer modischen Kollektion entstammt. Begehrte Ausflugsziele sind gepflegte Parks, Schloßgärten, Uferpromenaden oder auch nicht zu überfüllte Fußgängerzonen. So gern eine WAAGE-Katze Leben und Treiben um sich hat, so sehr verabscheut sie größere Menschenmengen. Meiden Sie also Großstadtgetriebe, und suchen Sie sich für einen Schaufensterbummel nicht gerade die Hauptverkehrszeit aus.

Ob Sie nun allein oder mit Ihrer Katze einkaufen gehen, irgendeine nette Kleinigkeit sollte schon auch für Ihr Tier dabei herausspringen. Geschenke müssen nicht unbedingt viel kosten, aber geschmackvoll sein, eben dem Schönheitssinn dieses Sonnenzeichens entsprechen: ein kleines Püppchen in rosarotem Kleid, ein Spitzendeckchen als Untersetzer fürs Futternäpfchen oder ein neues Kissen fürs Körbchen mit Blümchenaufdruck. Apropos Blumen: WAAGE-Katzen sähen am liebsten alle Räume in ein Blumenmeer verwandelt. So weit brauchen Sie natürlich nicht zu gehen. Aber hin und wieder ein schön arrangierter Blumenstrauß steigert das Wohlbefinden Ihres Schützlings ungemein.

Bei der Zubereitung der Speisen müssen Sie schon einige Sorgfalt walten lassen. Nicht weil vierbeinige WAAGEN ausgesprochen wählerische oder mäklige Esser wären. Aber ein lieblos Tag für Tag mit Dosenfutter gefüllter Napf tut es keinesfalls. Fette Gerichte sind ebensowenig gefragt wie Nouvelle Cuisine. Der Speisefahrplan sollte eine ausgewogene Mischung aus mal rohem, mal zart angedünstetem Frischfleisch und -fisch darstellen. Und ab und zu auch etwas Raffiniertes wie Roastbeef-Röllchen mit Preiselbeeren oder Räucherseelachsnester. Aber servieren Sie niemals verschiedene Gerichte zur Auswahl. So gut Sie es auch gemeint haben, Sie bringen Ihre Katze in schlimme Verlegenheit. Hat sie doch nun die Qual der Wahl und muß sich kurzfristig entscheiden, was sie zuerst verzehren muß. Vermutlich wird sie gar nichts anrühren. Die Entscheidungsangst dieses Tierkreiszeichens ist schon fast sprichwörtlich.

Von ungemeiner Wichtigkeit ist es, auf ausreichende Ruhepausen im kätzischen Tagesablauf zu achten. Obwohl WAAGE-Katzen niemals hektisch sind oder sich sinnlos verausgaben, brauchen sie nicht zu knapp bemessene Phasen körperlicher und seelischer Regeneration. Meist signalisieren diese Geschöpfe selbst, wann es Zeit ist für eine ausgiebige Siesta, und ziehen sich, gar zierlich gähnend, in ihr Körbchen oder an andere gemütliche Örtlichkeiten zurück. Stellen Sie bei solchen Anzeichen von Ermüdung das Radio sofort zumindest auf leiseste Zimmerstärke, schleichen Sie auf Zehenspitzen durch die Wohnung. Oder gönnen Sie sich am besten selbst ein ausgedehntes Nickerchen. Ihr Herzenstier dankt Ihnen die klösterliche Stille besinnlicher Ruhepausen mit einem wohligen Miau und beständiger Zuneigung aus zufriedenem Katzenherzen.

Die Waage-Katze in Gesellschaft

Die Sehnsucht nach Geselligkeit ist tief in Ihrer WAAGE-Katze verwurzelt. Das gilt für Kätzin und Kater in gleicher Intensität.

Unter Gesellschaft verstehen bei uns beheimatete Haustiger dieses Sonnenzeichens nicht unbedingt gleich eine größere Veranstaltung. Ein kleiner, amüsanter Kreis ausgewählter Gäste zwecks gemütlicher Canasta-Runde ist ebenso willkommen wie hundert Leute zur Cocktail-Party. Wo, wann und wie auch immer sich Kontakt zu anderen Menschen ergibt, heftige Diskussionen oder gar wüste Streitereien dürfen nie die Szene bestimmen. Auch sollten die guten Sitten stets gewahrt bleiben, feine Manieren selbstverständlich sein und kein allzu salopper oder gar rüder Ton herrschen.

Nehmen Sie Ihre WAAGE-Katze ruhig mit zur Kaffee-und-Kuchen-Geburtstagsfeier, zum Freitagabend-Stammtisch oder zum frohen Beisammensein im Tennisclub. Überall wird Ihr Tier eine gute Figur machen und mit Charme und traumtänzerischer Sicherheit einem gelungenen Beisammensein Glanzlichter aufsetzen. Sie werden als Gast nie erleben müssen, daß Ihre vierbeinige WAAGE aus der Rolle fällt, Pfützchen oder Häufchen hinterläßt, Möbel oder andere Einrichtungsgegenstände ruiniert. Äußerst sittsam pflegt ein Tier dieses Sonnenzeichens der Geselligkeit beizuwohnen. Ein wenig Beachtung allerdings sollte Ihrem Liebling schon zuteil werden. Nicht weil eine Venus-Katze unbedingt im Mittelpunkt stehen will. Es verlangt sie absolut nicht danach, sich zu produzieren (es sei denn, ein WIDDER oder LÖWE hätten gravierend im kosmischen Stammbaum mitgemischt). Ihre charmante und attraktive Persönlichkeit aber völlig zu ignorieren, wäre dann doch unerträglich für Ihr applaushungriges Tier.

Besuchen Sie also bloß nicht katzenfeindlich eingestellte Leute oder laden gar solche ein. Manch anderes Tierkreiszeichen würde hier vielleicht zurückstecken, Ihre WAAGE nicht. Kann sich doch gerade dieses so anpassungsfähige und friedfertige Geschöpf in – zumindest für seine Verhältnisse – krassester Weise äußern. Und sich ebenso unerwartet wie gründlich für gezeigte Abneigung revanchieren. Die Sympathie einer Venus-Katze zu gewinnen, ist an und für sich relativ problemlos. Es sei denn, Ihr Besuch böte einen total abgerissenen oder ungepflegten Anblick, hätte Trauerränder unter den Nägeln, möglicherweise schlechten Mundgeruch oder sichtbare Zahnlücken. Nun, mit solchen Individuen werden Sie ja wohl kaum verkehren.

Um sich das Wohlwollen eines WAAGE-Geschöpfs zu sichern, genügen einige anerkennende Lobeshymnen über das süße Gesichtchen, die himmlischen Augen und das prachtvolle Fell. Zufrieden schnurrend wird sich Ihre Kätzin oder Ihr Kater an den Beinen des Gastes reiben und sich gnädig für eine geraume Weile kraulen lassen. Da diese Tiere künstlerisch interessiert sind, sollten Sie möglichst oft kreative Menschen zu sich bitten oder aufsuchen. Steht kein einziger Künstler in Ihrem privaten Adressbuch, müssen Sie nicht resignieren. Erkundigen Sie sich nach Laienspielgruppen, rufen Sie beim Arbeitsamt an (Künstlerdienst) oder geben Sie eine Anzeige auf. Ihre WAAGE-Katze erwartet keineswegs, daß die Crème de la Crème bei Ihnen ein- und ausgeht. Nachwuchstalente sind durchaus willkommen, sofern es sich nicht um absolute Stümper handelt. An einem Hauskonzert der Flötengruppe kann sie sich ebenso berauschen wie an der Dichterlesung eines unbekannten, charmanten Poeten.

Wenn eine Waage-Katze ihr Herz verliert

In Liebesdingen tun es von der Venus beherrschte Luftkatzen den Schmetterlingen gleich und fliegen von einer Blüte zur andern. Gleich der oder dem Erstbesten ihr Herz zu schenken, kommt diesen tierischen Weltmeistern im Flirten kaum in den Sinn. Bevor sich eine WAAGE-Katze festnageln läßt, muß dem schon einiges vorangehen. So wird Ihre charmante Kätzin genußvoll sämtliche Kater des Reviers an der Nase herumführen, mal diesem, mal jenem Galan schöne Augen machen, um sich möglichst lange in der Bewunderung um sie buhlender Freier zu aalen. Wer bei einer WAAGE-Kätzin gleich mit der Tür ins Haus fällt, hat nicht die geringsten Chancen. Schließlich ist die Wahl auch nicht ganz leicht. Pflegt eine pelzige Venus doch gewöhnlich an jeder Pfote zehn Verehrer zu zählen.

Der ebenso verfilzte wie verrufene Streunerkater von nebenan wird selbstredend nie das Rennen machen. Auch wenn er dem Sinn für WAAGE-Romantik mit nächtlichen Mondschein-Sonaten unermüdlich nachkommt – einen ungepflegten Frauenhelden wählt keine anständige WAAGE-Katze dieser Erde zum Bräutigam. Nicht nur verletzt sein bloßer Anblick ihren Schönheitssinn aufs tiefste. Unsere pelzige Venus möchte den Partner kaum mit anderen teilen, auch wenn sie selbst es vielleicht mit der Treue nicht so genau nimmt.

Auch ein WAAGE-Kater balzt nach den Grundsätzen solcher etwas doppelbödigen Moral. Ganz klar, daß er seine gepflegten Krallen mal nach dieser, mal nach jener Schönen ausstreckt. Benimmt sich aber das umworbene Weibchen in gleicher Manier, wendet er dieser pelzigen Kokotte abrupt und auf Nimmerwiedersehen den Hintern zu. Natürlich hat der attraktive WAAGE-Kater beim Liebespoker die besten Karten in der Pfote. Und er versteht sie ebenso geschickt wie selbstbewußt auszuspielen.

Dennoch sind WAAGE-Männchen keine leichtsinnigen Herzensbrecher. Sie brauchen nur ein wenig länger als manche anderen Tierkreiszeichen, um ihre Entscheidung zugunsten einer natürlich ebenso attraktiven wie erotischen Katzendame zu treffen. Verständlich, daß Ihnen ab und zu der überdehnte Geduldsfaden zu reißen droht, wenn Sie einige Nächte lang den mehr oder weniger musikalischen Balzgesängen der Anbeter Ihrer Kätzin lauschen durften. Oder wenn Ihr heißgeliebter Kater Ihnen sorgenvolle Nächte beschert, weil er wochenlang erst im Morgengrauen den Heimweg antritt. Seien Sie Ihrem Tier nicht gram. Sie würden doch auch nicht mit der oder dem Erstbesten ... oder? Schließlich werden Sie für Ihr langmütiges Verständnis noch reichlich belohnt! Mit einem Wurf bildhübscher Katzenkinder, deren reizender Anblick Sie gewiß hinreichend entschädigt für das langwierige Auswahlverfahren Ihres Lieblings.

Die Waage-Katze in Sachen Gesundheit und Reisen

Krankheit und Siechtum bedeuten gerade für WAAGE-Katzen beiderlei Geschlechts eine rechte Härte. Nicht weil sie besonders zimperlich oder schmerzempfindlich wären, sondern weil körperliche Gebrechen naturgemäß der Schönheit nicht gerade zuträglich sind. Ist Ihre Katze erkrankt, vertauschen Sie bitte als erstes den Spiegel neben dem Körbchen mit einem fröhlichen Blumenbild. Ihr matter Herzensschatz wird Ihnen solche Feinfühligkeit danken. Beim Gang zum Tierarzt erbitten Sie sich vorher einen Termin außerhalb der regulären Sprechstunden. Sie ersparen Ihrem Liebling die Peinlichkeit, sich vor aller Augen in elendem Zustand präsentieren zu müssen. Vielleicht halten Sie solche Maßnahmen für reichlich übertrieben und leicht hysterisch. Aber eine typische WAAGE-Katze reagiert eben – bei wenn auch vielleicht nur schwach ramponiertem Aussehen – hochsensibel.

Ebenso wichtig wie Taktgefühl ist für den pelzigen Patienten eine heitere Atmosphäre. Sie müssen Ihrer Katze nun nicht dauernd erzählen, wie prächtig es *Ihnen* gerade geht, oder den Clown spielen. Auch nicht verkrampft bemüht sein, eine gelöste Stimmung zu schaffen mit dem Erzählen sinniger Witze über Mäuse oder Hunde. Damit Ihr leidendes Tier sich wohl fühlt, genügt es, lautstarke familiäre Streitereien auf die Zeit der Rekonvaleszenz zu vertagen.

Betten Sie Ihren Patienten auf die Südseite Ihrer Wohnung. Licht, Fröhlichkeit und Unbeschwertheit im Krankenzimmer sind immer noch die beste Medizin. Kaufen Sie einen bunten Blumenstrauß, lassen Sie gedämpfte Klänge von Chopin, Vivaldi oder Richard Clayderman die Szene berieseln. Kupfer soll angeblich einen positiven Einfluß auf Wesen dieses Tierkreiszeichens haben, eine Art mystisches Wunderheilmittel sein. Stellen Sie also einen Kupferleuchter ans Krankenbettchen und lesen Sie im warmen Kerzenschein mit sanfter Stimme romantische Märchen vor.

Gesundheitlich gefährdet sind vor allem Niere und Blase, auch der Stoffwechsel. Unglücklicherweise leiden gerade diese ästhetischen Kreaturen häufig unter Hautkrankheiten, Ekzemen und Haarausfall. Kopfschmerzen und Magenverstimmungen sind WAAGEN zudem in den kosmischen Gesundheitspaß geschrieben. Meist haben solche Beschwerden seelische Ursachen, denen Sie – wie Sie in den vorangegangenen Kapiteln schon lesen konnten – größtenteils vorbeugen können.

Daß WAAGE-Katzen unter Reisefieber leiden, gehört an und für sich nicht unter die Rubrik Krankheiten. Aber ein typischer pelziger Vertreter dieses Sternzeichens kann bedenkliche Symptome (eben zum Beispiel Kopfschmerzen, Magenleiden) aufweisen, wenn Sie beginnen, Reiseprospekte zu wälzen, und mit diversen Katzenpensionen telefonieren. Es ist keine Frage: Ihr Haustier kommt mit! Während bei manch anderem Pelztier Worte wie Reisen, Hotel und Auto einen kaum unterdrückbaren Brechreiz auslösen, kann Ihnen dergleichen mit einer WAAGE nie passieren. Es sei denn, Sie beabsichtigen, die Antarktis oder ähnliche ebenso untertemperierte wie menschenleere Regionen aufzusuchen. Grundsätzlich werden südliche Gefilde bevorzugt. Aber Sie dürfen auch getrost einen mondänen Wintersportort buchen, wo die Sonne den Schnee funkeln läßt. Behaglich wird Ihre Katze vor dem offenen Kamin der Schicki-Micki-Bar beim Après-Ski schnurren und tagsüber interessiert das rege Treiben im Ort vom Fensterbrett des selbstverständlich noblen Quartiers aus beobachten. Vorausgesetzt natürlich, daß Sie nicht den ganzen Tag auf den Pisten verbringen oder wenigstens in Ihrer Abwesenheit für die Anwesenheit des Hotelpersonals sorgen. Das müssen Sie sich schon etwas kosten lassen!

Skorpion

24. Oktober bis 22. November

Herrschender Planet: Pluto
Element: Wasser
Temperament: melancholisch
Glücksstein: Magnetstein

Vorherrschende Eigenschaften bei Menschen

Positiv: hilfsbereit, überlegen, dynamisch, intelligent, einfühlsam, scharfsinnig, rassig, warmherzig

Negativ: schnell beleidigt, arrogant, rechthaberisch, unnahbar, unduldsam, angriffslustig, rachsüchtig

So erkennen Sie eine Skorpion-Katze

SKORPION-Kätzinnen und -Kater wirken meist leicht blasiert, ja sogar ausgesprochen arrogant. Selbstverständlich trifft das auch auf diesen oder jenen Pelztiger anderer Sternzeichen zu. Die von plutonischen Katzen zur Schau getragene Selbstherrlichkeit jedoch ist nicht die Ausnahme, sondern kosmische Norm. Dabei sind diese Geschöpfe keineswegs so selbstsicher, wie es auf den ersten Blick den Anschein hat. Im Gegenteil, sie sind eher sensibel und unglaublich leicht verletzbar. Ihr angeborener Stolz aber verbietet ihnen, Schwächen oder Gefühle preiszugeben.

Selbst wenn eine SKORPION-Katze Vertrauen zu anderen Wesen gefaßt hat, gibt sie ihre Distanziertheit niemals ganz auf. Sie können dieser Kreatur ruhig schmeicheln. Mit unbewegter Miene hört sie sich die wohltuenden Lobeshymnen an. Doch wenn Sie dann meinen, der freundlichen Worte seien es nun genug, und wollen sie auch kraulen, handeln Sie sich höchstwahrscheinlich ein paar üble Kratzer ein. Eine SKORPION-Katze läßt durchaus verbale Anbiederei über sich ergehen, aber fremde Hände dürfen ihr kaum auf die Pelle rücken. Diesem kühnen und unergründlichen Wesen ist es gleichgültig, ob es angenehm wirkt oder nicht. Auch wenn ihm bei Ihren Schmeicheleien vielleicht wohlige Schauer über den Rücken laufen, verliert es dennoch nicht seine Würde.

Am deutlichsten läßt sich die astrologische Identität eines bepelzten SKORPIONS an den Augen ablesen. Mustert Sie dieses Tier doch intensiv mit einer Art durchdringendem Röntgenblick. Auf dämonische Art scheint es alles von Ihnen zu wissen, auch die verborgensten schwarzen Flecken auf Ihrer Seele zu entdecken. Der Blick von SKORPION-Katzen gleicht dem eines berufsmäßigen Hypnotiseurs. Wenn Sie einem Vertreter dieses Tierkreiszeichens einmal in die metallenen Augen geschaut haben, werden Sie wissen, was ich meine.

Von Pluto beherrschte Katzen haben stets einen kräftigen Körperbau und dürfen als zumindest leicht beleibt bezeichnet

Skorpion

werden. Selbst SKORPION-Weibchen sind selten ausgesprochen zart oder gar mager. Dafür sprechen diese sinnlichen Tiere leiblichen Genüssen viel zu gerne und ausgiebig zu. Gleich, welcher Rasse ein vierbeiniger SKORPION nun angehören mag – fast immer zeigt sich ein prägnanter Schädel, eine breite, ausdrucksvolle Stirn. Der Gang ist energisch und läßt die geballte Vitalität erahnen, die in dieser kätzischen Persönlichkeit steckt. Ein absolut eindeutiges Indiz für den himmlischen Stammbaum ist die Vorliebe skorpionischer Genießer für scharf gewürzte Speisen. Stellen Sie irgendeiner Katze mal ein mit chinesischem Sambal, indischem oder thailändischem Curry zubereitetes Fischgericht vor das rosige Näschen. Wer die teuflisch scharfe Mahlzeit ohne mit der Wimper zu zucken bis zum letzten Reiskorn aufschlabbert, hat bestimmt im Zeichen des SKORPIONS das Licht der Welt erblickt.

Wie ein Skorpion-Katzenkind aufwachsen möchte

Ob es sich bei Ihrem kleinen SKORPION nun um ein Kätzchen oder einen Kater handelt: Stellen Sie sich am besten gleich darauf ein, daß Ihr Schatz kaum als ausgesprochen pflegeleicht zu bezeichnen ist. Schon in dem hilflos maunzenden Winzling steckt eine gehörige Portion an Widerspenstigkeit und Unnachgiebigkeit. SKORPION-Katzenkinder sind keineswegs einfach süß oder anschmiegsam, sie erwarten solche Tugenden eher von Ihnen. Wesen dieses Tierkreiszeichens scheuen keine Auseinandersetzungen. Sie werden niemals nur um des lieben Friedens willen das angepaßte und artige Tier spielen. Wenn ihnen etwas nicht in den Kram paßt, bekommen Sie den skorpionischen Stachel bitter zu spüren.

Zwar suchen gerade diese Tiere Harmonie und Geborgenheit, nur eben nicht um jeden Preis. Wenn Sie von Anfang an allzu deutlich herauskehren, wer hier der Herr im Hause ist, kommt das einer offenen Kampfansage gleich. Einen barschen Befehlston und entmündigende Bevormundung nimmt kein SKORPION-Kätzchen dieses Planeten widerspruchslos hin. Wenn Sie mit Ihrem herzigen Wollknäuel vom ersten Tag an glücklich Tisch und Bett teilen wollen, gilt es, die richtige Ansprache zu finden. Bedenken Sie bitte bei allen Erziehungsmaßnahmen, daß Ihr Wasserwesen äußerst empfindsam und verletzlich ist. Hat Ihr Schützling beispielsweise den Teppichboden mit dem Katzenkistchen verwechselt, so dramatisieren Sie diesen Ausrutscher nicht. Brüllen Sie bloß nicht aufgebracht herum. Und schon gar nicht in Gegenwart anderer Personen. Wahrscheinlich war es ohnehin Ihre Schuld (Katzenkistchen dreckig oder an vielbegangener Stelle plaziert – beides mag Ihr Kleines nicht). Oder es gab mal wieder einen handfesten Ehekrach mit fliegenden Untertassen, der Ihr Tier verschreckt zu dieser Untat veranlaßte.

Katzen – und insbesondere jene im Zeichen des SKORPIONS geborenen – sind niemals unsauber. Sie sind auch keine böswilligen Möbelkiller. Dennoch wird Ihnen der Anblick aufgerissener Sofakissen, herunterhängender Tapetenfetzen oder ausgegrabener Topfpflanzen kaum erspart bleiben. Ihr aufgewecktes und wissensdurstiges Kätzchen interessiert nun mal, was sich unter der Oberfläche verbirgt.

Natürlich müssen Sie diesen Racker mit etwas Strenge erziehen, sonst hat er keinen Respekt vor Ihnen. Bleiben Sie bei einmal aufgestellten Verboten und Geboten. Ihr Liebling wird schon einsehen, daß Sie zerfetzte Kissen und verstreute Blumenerde nicht schätzen. Zumindest dann, wenn Sie seinen Vorlieben und Abneigungen ebenfalls gebührend Beachtung schenken.

Sorgen Sie vor allem für reichliche und nicht allzu einfallslose Mahlzeiten. Gerade im Tierkreiszeichen des SKORPIONS nämlich gilt: Ein hungriges Tier ist ein böses Tier! Und wann der Hunger aufhört und allmähliche Sättigung einsetzt, kann naturgemäß nur Ihr pelziges Kind entscheiden. Hoffentlich hegen Sie nicht den Wunsch, ein mit Katzen-Mannequin-Maßen brillierendes Tier vorzuführen. SKORPION-Katzen sind stets etwas korpulent (nicht fett). Und mit pfiffig ausgetüftelten Diätmaßnahmen oder halben Rationen erweisen Sie sich und Ihrem Tier einen Bärendienst. Alle Bemühungen, einen typischen SKORPION zu spartanischen Eßgewohnheiten erziehen zu wollen, sind buchstäblich für die Katz. Frißt Ihr Liebling allerdings in maßloser Gier alles nur halbwegs Genießbare in sich hinein, können Depressionen dafür verantwortlich sein. Schon SKORPION-Katzenkinder sind vor ebenso plötzlichen wie heftigen seelischen Tiefausläufern nicht gefeit. Bemühen Sie sich, die Ursachen zu ergründen. Was allerdings kaum immer gelingen wird. Melancholie ist nun mal ein Wesensbestandteil dieser Wasser-Kreaturen. Versuchen Sie, Ihren Liebling aufzumuntern. Lob und Zärtlichkeit sind noch immer die beste Medizin gegen seelische Unbilden. Meist zieht es Ihr Schützling allerdings vor, seinen Kummer allein auszukurieren. Lassen Sie ihn gewähren, wenn er sich für ein paar Stunden in sein Körbchen verdrückt.

Mit ausschlaggebend für das Wohlbefinden von Pluto beherrschter Katzen-Babys sind Aussehen und Ausstattung ihrer Ruhe-, Schmoll- oder Kuschelecke. So sollte das Katzenkörbchen unbedingt an einem kaum frequentierten und möglichst dunklen Platz stehen. Bitte nicht im Flur oder Treppenhaus oder anderen häufig begangenen Örtlichkeiten. Plutonische Wesen lieben die Farben Rot und Schwarz sowie alle Pastelltöne. Ihr Ruheplätzchen vor einer kalkweißen oder signalfarbenen Wand aufzustellen, wäre eine Zumutung und könnte als üble Provokation empfunden werden.

Soll Ihr Katzenkind gedeihen, dürfen übrigens nicht Hektik und ein unregelmäßiger Tagesrhythmus seine Jugend überschatten. Kleine SKORPIONE brauchen sehr viel Ruhe und Harmonie und überschaubare Verhältnisse. Aber das ist bestimmt auch in Ihrem Sinn.

Wie Sie das Herz einer Skorpion-Katze erobern

SKORPION-Kätzinnen oder -Kater sind nicht sonderlich eitel, dennoch aber Schmeicheleien – wenn sie ehrlich gemeint sind – mehr als zugänglich. Das von plutonischen Katzen zur Schau getragene Selbstbewußtsein ist nämlich keineswegs so unerschütterlich, wie es nach außen hin den Anschein erweckt. Seelische Streicheleinheiten kann Ihr Liebling im Prinzip gar nicht genug bekommen, um seiner selbst und Ihrer Zuneigung sicher zu sein. Vor falscher Lobhudelei allerdings sollten Sie sich hüten. Diese Tiere sind mit einer Art siebtem Sinn ausgestattet, der sie echt und unecht, ehrlich oder unehrlich sehr wohl unterscheiden läßt.

Schmückt Ihr Tier ein besonders schönes, glänzendes Fellkleid, dann sagen Sie ihm das. Immer und immer wieder. Gibt das Katzenkostüm jedoch nicht allzuviel her und bleibt trotz guten Futters und liebevoller Pflege eher unansehnlich und struppig, dann preisen Sie die metallisch leuchtenden Augen oder den stolzen, aufrechten Gang. Ob Ihre Katze nun wörtlich versteht, was Sie sagen, bleibe dahingestellt. Ob Sie das, was Sie sagen, auch wirklich meinen, weiß jenes mystische Geschöpf aber mit hundertprozentiger Sicherheit. Und würde es als herben Vertrauensbruch empfinden, gerade von Ihnen auf solch plumpe Art hintergangen zu werden.

Die Gunst der Gestirne hat SKORPIONE mit einem schier unerschöpflichen Energiepotential versehen. Hat Ihre Katze die Möglichkeit zu freiem Auslauf, kann sie ihre plutonische Dynamik ohne Ihre Hilfe ausleben. Lebt sie aber im wahrsten Sinne des Wortes als Stubentiger, sollten Sie dafür sorgen, daß dieses pelzige Kraftpaket zu seinem Recht kommt. Seien Sie nicht zimperlich, wenn es gleich einem ungebändigten Füllen durch die Wohnung galoppiert. Auch wenn dabei möglicherweise Vasen, Blumentöpfe und anderer Schnickschnack zu Bruch gehen. Sollten Sie und Ihre Hausratversicherung auf die Dauer nicht beide Augen zudrücken wollen, gilt es, über andere Betätigungsfelder nachzusinnen. Beispielsweise, indem Sie sich entschließen, in eine ländliche Idylle umzusiedeln, um so Ihrer Katze und auch sich selbst Raum zur ungehinderten Selbstentfaltung zu schaffen. Oder Sie packen Ihr Tier ins Auto und fahren hinaus in die freie Natur. Für einen ausgedehnten Parkspaziergang läßt sich eine SKORPION-Katze gern an die Leine legen. Vorausgesetzt, Sie schleichen nicht im Schneckentempo durch die Landschaft und bleiben mindestens ein Stündchen an der frischen Luft.

SKORPION-Katzen möchten mit Rücksicht behandelt werden, auch wenn sie selbst vielleicht nicht immer gerade ausgesprochen rücksichtsvoll sind. Selbst der energiegeladenste SKORPION ist irgendwann erschöpft und will dann seine Ruhe haben. Stellen Sie Fernsehen, Radio und Plattenspieler auf minimalste Zimmerlautstärke, und hantieren Sie bitte nicht geräuschvoll in der Küche herum, wenn sich Ihre Katze herzhaft gähnend zur Siesta zurückzieht. Einen SKORPION beim wohlverdienten Nikkerchen zu stören, kommt einer Todsünde gleich und wird entsprechend geahndet. Bevor sich Ihr Mitbewohner an Ihnen oder Ihrer Wohnungseinrichtung rächt, wäre es immerhin eine Überlegung wert, ob Scherben wirklich Glück bringen.

Von Haus aus sind vierbeinige SKORPIONE keine ausgesprochenen Schmusekatzen. Beherrschen Sie sich also, wenn Sie schon wieder der schier unwiderstehliche Drang überfällt, Ihren Liebling zu herzen und zu drücken. Wenn Ihr Tier kuscheln will, möchte es von sich aus auf Sie zukommen und nicht von Ihrer Liebe fast erdrückt werden. Es gibt hier eine goldene Regel: Gehen Sie mit geöffneten Armen drei Schritte auf Ihre Katze zu, so wird sie drei Schritte zurückweichen. Lassen Sie sich aber scheinbar uninteressiert auf dem Sofa nieder und signalisieren, daß Ihnen der Sinn weder nach kätzischer Nähe noch nach Schmusearien steht, geschieht ein Wunder. Ihr eben noch jeder Zärtlickeit so ablehnend gegenüberstehender Schatz reibt sich zaghaft schnurrend an Ihren Beinen und buhlt um menschliche Nähe. Nehmen Sie Ihr eigenwilliges Kätzchen in die Arme, und halten Sie es ganz fest. Murmeln Sie in seine aufgestellten Öhrchen, wie lieb, ganz lieb und noch viel lieber Sie es haben. Nur allzu gern wird Ihnen Ihr oft so mißtrauisches Tier Glauben schenken und Sie mit einem leisen Miau wissen lassen, daß Sie sein Herz eigentlich schon längst – auf jeden Fall aber jetzt erobert haben.

Die Skorpion-Katze in Gesellschaft

Häufig wird zweibeinigen SKORPIONEN nachgesagt, ausgesprochen ungesellig zu sein und mit ihrer schroffen, frostigen Art jedes heitere Beisammensein zu verderben. Um der Wahrheit die Ehre zu geben: Angehörige dieses Tierkreiszeichens schlagen sich nicht um zahlreiche Kontakte, sind aber auch keine ausgesprochenen Gesellschaftsmuffel. Ihnen geht Qualität vor Quantität. Und wer wollte es einem SKORPION verübeln, daß er wählerisch ist und keinen Wert darauf legt, mit Gott und der Welt zu verkehren?

SKORPION-Katzen empfinden genau wie ihre menschlichen Tierkreiskollegen. Nicht im Traum kommt es diesen eigenwilligen Wesen in den Sinn, Hinz und Kunz zu mögen und sich bei Frau und Herrn Jedermann lieb Kind zu machen. Sie werden rasch herausfinden, wer in Ihrem Freundes- und Bekanntenkreis Ihrem Tier genehm ist und wer nicht. Eine SKORPION-Katze pflegt aus ihren Vorlieben und Abneigungen keinen Hehl zu machen und wird beides offenkundig demonstrieren. Ist ein Besucher wohlgelitten, biedert sich dieses Geschöpf zwar nicht plump an, es gibt seine Sympathie aber durch wohliges Schnurren und artiges Verhalten deutlich zu erkennen. Umgekehrt bekommt ein unwillkommener Gast auf krasseste Weise die skorpionische Abneigung zu spüren. Wobei Katzendamen nicht weniger unfein und direkt verfahren als ihre männlichen Artgenossen. Da dient der Fuß des Gastes als Katzenklo, Krallen werden an Strumpfhosen und hochwertigen Lederschuhen geschärft, tote Mäuse auf dem Kaffeetisch präsentiert und Toupets von Glatzköpfen gefegt. Es hat wenig Sinn, wenn der geächtete Besucher Ihrem Liebling süßholzraspelnd um den Bart streicht und sich verzweifelt bemüht, seine Gunst doch noch zu gewinnen. Wen Ihr Tier nicht mag, den mag es eben nicht, basta. Ihre Katze nun einfach einzusperren, um so dem Spuk ein Ende zu machen, wäre ein gravierender Fehler. Zumindest vorübergehend nämlich würde Ihr pelziger SKORPION höchstwahrscheinlich seine Abneigung auch auf Sie übertragen. Treffen Sie sich mit solchen Menschen am besten das nächste Mal an einem andern Ort.

Das Ausleseverfahren akzeptabler oder nicht akzeptabler Zeitgenossen Ihres vierbeinigen Lieblings beruht übrigens nicht einfach auf dem Zufallsprinzip. Um Gnade in den Augen einer SKORPION-Katze zu finden, müssen Ihre Leute für gewöhnlich nur ein paar simple Voraussetzungen erfüllen. So sollten sie einigermaßen gepflegt und gebildet sein. Ausgesprochen ungepflegte Kreaturen oder hohlköpfige Dummschwätzer kann Ihr Wasserwesen nun mal auf den Tod nicht ausstehen. Auch dürfen sie nicht zu laut sprechen oder gar herumkeifen. Und bitte nicht hysterisch lachen.

Wichtig ist, daß Ihr Besuch weiß, daß er Ihrem Tier wenigstens ein Mindestmaß an Beachtung zukommen lassen muß. SKORPION-Katzen sind nicht darauf aus, im Mittelpunkt des Interesses zu stehen. Aber eine höfliche Begrüßung, vielleicht ein nettes Mitbringsel und ein Platz auf dem Sofa neben dem Gast sollten schon drin sein.

Falls Sie zu jenen Menschen gehören, die ein sogenanntes «offenes Haus» führen, ist es an der Zeit umzudenken. Ihr Mitbewohner kann es nun mal nicht leiden, wenn es wie in einem Taubenschlag zugeht. Gewöhnen Sie Ihre Mitmenschen an die im Abendland durchaus übliche Sitte, sich telefonisch anzumelden. Überraschend aufkreuzende Eindringlinge sind nicht nach dem Geschmack Ihres Katzentiers. Können Sie absolut nicht auf ständige Kontakte mit Ihrer Clique, Nachbarn und Verwandten verzichten, drehen Sie den Spieß am besten um. Besuchen Sie, statt besucht zu werden. Alleinsein ist für Ihren SKORPION immer noch bekömmlicher als permanenter Jubel und Trubel.

Auch bei größeren Festivitäten werden Sie bald herausfinden, daß Ihr Stubentiger kein Salonlöwe ist. Planen Sie also eine Party ab zwanzig Personen aufwärts, können Sie sich selbst und Ihrer Katze keinen größeren Gefallen tun, als sie für diesen betriebsamen Abend in gute Hände zu geben. Bei kleineren Gesellschaften ist Ihr Pelztier gerne dabei. Vorausgesetzt, der geladene Kreis entspricht dem bereits beschriebenen Ausleseverfahren genehmer Gäste, und es kommt etwas Anständiges zu essen nicht nur auf, sondern auch unter den Tisch. Zufrieden lauscht Ihre Katze dann den hoffentlich interessanten Gesprächen und harrt in solch angenehmer Atmosphäre auf dem Schoß seines Lieblingsgastes ohne zu murren bis tief in die Nacht aus.

Wenn eine Skorpion-Katze ihr Herz verliert

Auch – oder besser gesagt – speziell in Liebesdingen haushalten SKORPION-Katzen nicht gerade mit ihren Kräften. Warum sollten sie auch? Schließlich haben Kätzinnen und Kater dieses Sternzeichens Amors Jungbrunnen für sich gepachtet. Sie bleiben von frühester Jugend an bis ins hohe Greisenalter die aufregende Geliebte oder der feurige Liebhaber. So manche Kätzin in Ihrer Nachbarschaft weiß gewiß ein Lied von der Glut Ihres leidenschaftlichen Katers zu singen. Und der glückliche Kater, der von Ihrem SKORPION-Weibchen erhört wurde, flüstert wahrscheinlich noch Jahre nach der Hochzeitsnacht hinter vorgehaltener Pfote von dieser heißblütigen Katzendame.

Über die schon sprichwörtliche Leidenschaft unter dem Sternzeichen des SKORPIONS geborener Geschöpfe hat wohl jeder mehr oder weniger an Astrologie interessierte Mensch schon raunen hören. Tatsache ist, daß von Pluto beherrschte Wesen als außerordentlich potent und triebstark bezeichnet werden dürfen. Vom Sex besessene Dämonen aber sind sie nicht. Eine SKORPION-Kätzin ist keine liebestolle Kurtisane und ihr männliches Pendant kein notorischer Schürzenjäger. Katzen dieses Tierkreiszeichens zeigen sich bei der Partnerwahl ausgesprochen anspruchsvoll. Niemals schenkt die stolze SKORPION-Katzendame dem erstbesten Freier ihr Herz. Statt dessen läßt sie sich ausgiebig umschmeicheln und umwerben, bis sie schließlich ihre Wahl trifft. SKORPION-Weibchen sind stets besonders attraktive Geschöpfe und ziehen mit angeborenem Charme sämtliche Kater der näheren und weiteren Umgebung in ihren Bann.

Hat die SKORPION-Katze endlich ihr Herz verloren, gibt sie sich den Freuden des Liebestaumels besinnungslos hin. Doch wehe dem Bräutigam, der es mit der Treue nicht so genau nimmt. Obwohl selbst nicht gerade monogam veranlagt, sind SKORPION-Kätzinnen extrem eifersüchtig und können wutentbrannt explodieren, wenn sie ihren Auserwählten bei einem Seitensprung ertappen. Auch ein Kater dieses Wasserzeichens meldet kompromißlos Besitzansprüche an, wenn er richtig verliebt ist. So kann es gelegentlich zu heißen Kämpfen kommen, die lautstark ausgetragen Ihre Nachtruhe und die der gesamten Nachbarschaft nachhaltig stören. Seien Sie Ihrem Tier nicht gram. Der verletzte Stolz Ihrer Katze erlaubt es ihr nun einmal nicht, einfach kampflos das Feld zu räumen. Stellen Sie besser einen Verbandskasten bereit, um Ihren Liebling nach siegreicher Heimkehr notfalls fachmännisch verarzten zu können. Halten Sie sich nicht mit langatmigen Moralpredigten auf, sondern füllen Sie den Futternapf mit einer ordentlichen Sonderportion. Schließlich macht Liebe nicht nur Spaß, sondern auch hungrig.

Die Skorpion-Katze in Sachen Gesundheit und Reisen

Gäbe es eine offizielle Krankenversicherung für Katzen, so würden die Ende Oktober und im November geborenen Tiere beachtliche Summen bei der Beitragsrückerstattung kassieren. Bescheinigt ihnen doch ihr kosmischer Gesundheitspaß eine schon legendäre Vitalität und Widerstandskraft. Dennoch kann selbstverständlich auch die robustete aller robusten SKORPION-Katzen eines Tages auf der Nase liegen.

Gerade für plutonische Wesen bedeuten Krankheiten ein höchst lästiges Übel, das es nur zu negieren gilt, um sich seiner zu entledigen. Zweibeinige SKORPIONE können Sie oft sagen hören: «Im Bett sterben die Leute.» Ähnlich scheinen vierbeinige Kreaturen dieses Tierkreiszeichens zu empfinden. Wenn sich Ihre SKORPION-Katze kläglich maunzend und leidenden Blickes ins Körbchen verzieht, suchen Sie gar nicht erst den nächsten Tierarzt auf. Fahren Sie besser gleich in eine gute Tierklinik. Dann nämlich ist es gewöhnlich allerhöchste Eisenbahn, medizinische Schritte zu unternehmen.

Da SKORPION-Kätzinnen und -Kater ihre Gebrechen bis zum Geht-nicht-mehr ignorieren, sollten liebevolle Katzeneltern ihr Tier immer aufmerksam auf mögliche Anzeichen einer Krankheit hin beobachten. Gesundheitliche Schwachstellen sind die Nase und der Hals, aber auch Herz und Kreislauf. Besonders anfällig zeigen sich die Blase und die Geschlechtsorgane. Gelegentlich können Magenbeschwerden auftreten, vor allem, wenn Ihr Liebling allzu oft Gelegenheit hat, seiner Vorliebe für scharf gewürzte Speisen zu frönen.

Muß Ihr pelziger Patient das Krankenbett hüten, genießt er es durchaus, bemuttert zu werden. Bemuttert, wohlgemerkt, nicht bedauert. Kummervolle Tiraden kann Ihr leidender Liebling nicht ertragen. Gnädig läßt sich Ihre SKORPION-Katze gern öfter als sonst über das heiße Köpfchen streichen und freut sich meist über Ihre Anwesenheit. Sorgen Sie für gedämpftes Licht im Krankenzimmer. Ein sonnendurchfluteter Raum wird als unangenehm empfunden, ein bunter Blumenstrauß im Zimmer als Zumutung. Aber lassen Sie Ihren Patienten nicht erst dann allein, wenn er fauchend kundtut, daß er endlich seine Ruhe haben will. Mit ein wenig Einfühlungsvermögen werden Sie schon herausfinden, ob er in Hoch- oder Tiefstimmung schwebt, Ihre Gesellschaft gerade wünscht oder lieber alle zum Teufel jagen würde. Glücklicherweise genesen diese ungnädigen und launischen Patienten relativ schnell. Früher als erwartet schleppen sie sich zwar noch ermattet, aber zielstrebig, zu ihrer Futterstelle, wohl mit sicherem Instinkt wissend, daß letztlich nur Essen und Trinken Leib und Seele zusammenhalten.

Es gibt Katzen, die für ihr Leben gern reisen. Eine SKORPION-Katze zeigt sich Reisen gegenüber zwar nicht unbedingt abgeneigt, leckt sich aber auch nicht alle vier Pfötchen nach einem Ortswechsel. Wenn Sie beabsichtigen, Ihren Urlaub mitten in den Schulferien auf überfüllten Autobahnen zu starten, um sich anschließend total erschöpft am ebenso überfüllten Reiseziel zwei Wochen inklusive Vollpension herumzuärgern, lassen Sie Ihren SKORPION lieber zu Hause bei guten Freunden. Katzen dieses Wasserzeichens sind Individualreisende, die Menschenmassen und Rummel meiden wie der Teufel das Weihwasser. Auf den hochgepriesenen Service einschlägiger Veranstalter kann Ihre Katze ebenso verzichten wie auf noble Hotels. Wenn Sie schon eine Pauschalreise buchen müssen, dann wählen Sie aus der weitgefächerten Angebotspalette einen Abenteuerurlaub. Besser noch, Sie spielen selbst Robinson und steuern mit Zelt oder Campingwagen eine einsame Insel an. Statt Insel tut es auch ein Bergsee. Hauptsache, Wasser ist in greifbarer Nähe. Ob Sie nun die Karibik als Ziel Ihrer Wünsche wählen oder Bayern, ein Hauch von Pfadfinderromantik darf Ihrer Reise ruhig anhaften. Beim abendlichen Lagerfeuer (ein Holzkohlengrill geht zur Not auch) blüht Ihr melancholisches Tier auf, zieht sich jedoch beizeiten in Ihren Schlafsack zurück. Letztlich ziehen SKORPION-Katzen aber den heimischen Herd jener Lagerfeuer-Romantik vor.

Schütze

23. November bis 21. Dezember

Herrschender Planet: Jupiter
Element: Feuer
Temperament: cholerisch
Glücksstein: Lapislazuli

Vorherrschende Eigenschaften bei Menschen

Positiv: ideenreich, warmherzig, hilfsbereit,
neugierig, leger, gesellig,
heiter, humorvoll

Negativ: oberflächlich, leichtgläubig,
sorglos, prunksüchtig, unmäßig,
genußsüchtig, aufdringlich

So erkennen Sie eine Schütze-Katze

SCHÜTZEN im Pelzkleid sind lebensfrohe und agile Geschöpfe, allzeit zu einem Schabernack aufgelegt. Sie stecken voller Unternehmungsgeist und verabscheuen Stubenhockerei oder eintönigen Alltagstrott. Natürlich ist auch die quirligste SCHÜTZE-Katze nicht von morgens bis abends aktiv oder auf Achse. Den größten Teil ihres Lebens aber verbringt sie kaum bequem auf weichen Sofakissen, sondern mit schier unermüdlicher Geschäftigkeit. Ob Sie diese von Jupiter beherrschten Katzen in den eigenen vier Wänden oder im Freien erleben: daß Stillsitzen nicht zu den leichtesten Übungen dieser Feuerwesen gehört, werden Sie rasch registrieren. Ein Geschöpf, das sich stundenlang vor dem heimischen Kaminfeuer räkelt oder ebenso lange gemütlich zusammengerollt auf Opas Sessel vor sich hindöst, ist gewiß kein SCHÜTZE. Und ein endlos behäbig auf einem Gartenpfosten ausharrender Minitiger gehört ganz klar auch einem anderen Tierkreiszeichen an. Eine typische SCHÜTZE-Katze bleibt selbst hochbetagt stets ihrer fidelen und springlebendigen Natur treu. Sie interessiert sich rege für alles, was um sie herum vorgeht, schätzt die Gesellschaft anderer Tiere und Menschen und wird selten im Alleingang anzutreffen sein.

Eine sichere Methode, um den astrologischen Stammbaum näher zu bestimmen, ist der Schluck-Test. Man nehme ein Schälchen und fülle es mit Bier, Sekt, Bowle oder besser noch mit einem richtig schön bunten Cocktail. Neunundneunzig Prozent aller SCHÜTZE-Katzendamen oder -herren schlucken das köstliche Naß, ohne auch nur mit der Wimper zu zucken. Oder lassen Sie einmal drei Fernsehgeräte mit zwar unterschiedlichen, aber allesamt interessanten Programmen in verschiedenen Zimmern laufen (sollten Sie nur zwei Apparate besitzen, helfen Nachbarn sicher gerne aus). Wer sich ohne zu zögern für die Sportsendung entscheidet, feiert wahrscheinlich Ende November oder im Dezember seinen Geburtstag. Die Vorliebe für sportliche Darbietungen – und zwar nicht nur Bogenschießen – ist bei

Schütze

diesem Tierkreiszeichen schon fast als sprichwörtlich zu bezeichnen. Äußerliche Erkennungszeichen des von Jupiter beherrschten Pelztieres ist ein wohlgeformter Schädel mit einer hohen, breiten – man könnte fast sagen «klugen» – Stirn. Denn tatsächlich zeichnet SCHÜTZE-Katzen eine besonders rasche Auffassungsgabe aus. Ihre Gangart ist der Galopp – wobei sie trotz aller Eile und Betriebsamkeit kaum hektisch oder nervös wirken. Ihre Statur präsentiert sich athletisch bis kräftig (letzteres ist einer ausgeprägten Vorliebe für gute und reichliche Mahlzeiten zuzuschreiben). Es gibt besonders große und extrem kleine SCHÜTZE-Katzen, die goldene Mitte zählt auch bei reinrassigen Kreaturen dieses Feuerzeichens zu den Ausnahmen.

Aufmerksam werden Sie von herrlich leuchtenden Augen gemustert, wenn Sie diesem freundlichen und zugänglichen Tier über sein besonders dichtes und glänzendes Fell streicheln. Schauen Sie nochmals genau hin. Blitzen nicht Schalk und Fröhlichkeit in den glänzenden Feueraugen? Und überkommt Sie plötzlich der unwiderstehliche Drang, irgendeinen Unsinn anzustellen? Dann haben Sie auf jeden Fall in SCHÜTZE-Augen geblickt. Der Übermut dieser vergnügten Geschöpfe ist nämlich ansteckender als ein Grippevirus.

Wie ein Schütze-Katzenkind aufwachsen möchte

Um Ihrem lebensfrohen Wollknäuel eine fröhliche Kindheit zu bescheren, bedarf es keiner außergewöhnlichen Anstrengungen. Im Tierkreiszeichen des SCHÜTZEN geborene Winzlinge haben das Licht der Welt unter einem glücklichen Stern erblickt. Legte ihnen doch ihr Zeichenherrscher Jupiter eine gesunde Portion Selbstsicherheit, Optimismus und ansteckende Lebensfreude in die kosmische Wiege. Gut wäre es auf jeden Fall, wenn Sie sich möglichst viel Zeit für Ihr Kätzchen nähmen. Ob Katzenmädchen oder Katzenjunge – diese lebhaften und unternehmungslustigen Geschöpfe schätzen es im Kindesalter nicht, sich lange allein beschäftigen zu müssen.

Wenn Sie zu den Zeitgenossen zählen, deren Tagesablauf auf die Minute verplant ist, sollten Sie einmal Buch über all Ihre Aktivitäten führen, um dann die einzelnen Punkte der Tagesordnung in wichtig, nicht so wichtig und absoluten Schwachsinn zu unterteilen. Versuchen Sie bei dieser Übung, die Welt durch die Augen des SCHÜTZE-Kätzchens zu sehen. Wichtig ist dann alles, was der Unterhaltung, dem abwechslungsreichen und amüsanten Zeitvertreib dient. Absoluter Schwachsinn hingegen ist jede Art von Geschäftigkeit, die sich als unproduktiv erweist. Wie beispielsweise Hausarbeit (sieht morgen doch wieder genauso aus). Oder Überstunden, nur um ein paar Scheine extra zu verdienen oder ein besseres Pöstchen zu ergattern. Was nützen Geld und Prestige, wenn es an Zeit fehlt? Natürlich will Ihr Katzenkind nicht, daß Sie jeden Pfennig dreimal umdrehen müssen, und ein völlig verwahrlostes Heim erhöht kaum sein Wohlbefinden. Es gilt halt, die goldene Mitte zu finden. Wenn Sie erst einmal entdeckt haben, wie amüsant es sein kann, gemeinsam mit Ihrem kleinen SCHÜTZEN Aufziehautos laufen zu lassen, angefangene Pullover aufzutrennen, statt sie fertig zu stricken, oder «Fang die Maus» (die Maus sind Sie) zu spielen, werden Sie wahrscheinlich ohnehin beginnen, den Ballast sinnloser Verpflichtungen abzubauen. Finden Sie oder Ihre Mitbewohner einmal partout keine Zeit, sich Ihrem pelzigen Knirps ausgiebig zu widmen, bitten Sie Nachbarn und Freunde, den Engpaß überbrücken zu helfen. Falls Sie absolut unbelehrbar weiterhin den Putzteufel spielen oder dem schnöden Zaster unermüdlich hinterherjagen müssen, gibt es nur eine Möglichkeit, damit Ihr SCHÜTZE-Kätzchen nicht elendiglich verkümmert. Besorgen Sie ihm einen vierbeinigen Spielgenossen. Holen Sie also zu seiner steten Gesellschaft noch ein zweites, besser noch ein drittes Tier ins Haus. Aber bitte weder KREBS, STEINBOCK noch gar JUNGFRAU. Wesen dieser Tierkreiszeichen hassen ständige Betriebsamkeit, und Sie hätten den Salat.

Natürlich verlangt es auch das lebhafteste SCHÜTZE-Katzenkind hin und wieder nach einem Ruhepäuschen. Vielleicht läßt es sich einrichten, daß es sein Nickerchen gemeinsam mit Ihnen halten kann. Wohlig auf Ihrem Schoß oder in Ihren Armen zusammengerollt, regeneriert Ihr Liebling besondes rasch und ist in kürzester Zeit wieder fit.

Ein Wort zum Thema Erziehung. Kommen Sie Ihrem Schützling bloß nicht auf die autoritäre Tour. SCHÜTZE-Katzenkinder lehnen jeden Zwang ab und rebellieren trotzig gegen einen barschen Befehlston oder lautstarke Kommandos. Sprechen Sie ruhig und freundlich mit Ihrem Tier über Ihre Wünsche. Und geizen Sie nicht mit Lobesworten, wann immer sich der kleinste Anlaß dafür bietet. Rasch begreift Ihr aufmerksames und wißbegieriges Feuer-Kätzchen, wozu der Katzenbaum dient, und läßt Ihren Teppichboden in Ruhe. Allerdings um sich gleich darauf an den Fransen der edlen Perserbrücke zu ergötzen.

SCHÜTZE-Katzenkinder sind unermüdlich damit beschäftigt, Neues zu entdecken. Sie durchstöbern Müll- und Einkaufstüten, überprüfen, ob die neue Daunendecke nicht doch mit Schaumstoff gefüllt ist, oder ergründen, worin sich die Wurzeln eines Gummibaums von denen Ihres edlen Bonsai-Bäumchens unterscheiden. Grundfalsch wäre es, diesen brennenden Wissensdurst zu bremsen, nur weil Sie sich vor möglichen Sachschäden fürchten. Ihr Schützling muß nun mal seine Neugier und seinen Wissensdurst befriedigen, wenn er sich zu einer psychisch intakten Katzendame oder einem ebensolchen Katzenherren entwickeln soll.

Vor dem totalen Ruin können Sie sich leicht bewahren, wenn Sie für eine reichlich gefüllte Spielzeugkiste sorgen. Fragen Sie nicht nur in einer Zoohandlung nach passenden Sächelchen, erkundigen Sie sich auch in einem Fachgeschäft für kleine Zweibeiner nach ebenso interessantem wie lehrreichen Spielzeug.

Wollen Sie das Maß Ihrer Güte vollmachen, lesen Sie Ihrem SCHÜTZE-Katzenkind Abenteuergeschichten oder Reiseberichte vor. Begeistert wird es Ihnen zuhören und ausnahmsweise sogar stillsitzen, wohlig eingelullt von Ihrer warmen Stimme, Ihrer liebevollen Zuwendung und Nähe.

Wie Sie das Herz einer Schütze-Katze erobern

Wenn einer ausgewachsenen SCHÜTZE-Katze etwas aus tiefstem Herzen gegen den Strich geht, dann ganz bestimmt stundenlanges, sittsames Herumlungern bar jeder Möglichkeit zu interessanter Aktivität oder neuen Eindrücken. An und für sich kennen diese Tiere so etwas wie Langeweile nicht. Vorausgesetzt allerdings, daß sich ihr Leben nicht nur innerhalb der vier Wände Ihres trauten Heims abspielt und sie allzeit frei durchs Revier stromern können.

Sollten Sie nicht in der glücklichen Lage sein, ein Häuschen im Grünen oder eine ebenerdige Wohnung mit Katzentürchen zu besitzen, bringt das gewisse Probleme mit sich. Selbst wenn Sie in einer Acht-Zimmer-Maisonette-Wohnung zu Hause sind, fällt Ihrem vierbeinigen Hansdampf in allen Gassen die Decke aufs pelzige Köpfchen. Den Kinderschuhen kaum entwachsen, lehnen es von Jupiter beherrschte Wesen ab, sich die Zeit ausschließlich mit Spielzeugmäusen, rasselnden Bällchen oder anderem Babykram zu vertreiben.

SCHÜTZE-Katzen sind naturverbundene Geschöpfe, denen es schwerfällt, den größten Teil ihres Daseins im vierten Stock eines Hochhauses, ohne die geringste Chance auf Ausgang, zu fristen. Ein akzeptabler Kompromiß wäre eine Stadtwohnung mit Balkon, der reichlich mit Grünpflanzen bestückt sein sollte, oder eine sehr breite, mit viel Grünzeug geschmückte Fensterbank, von der aus das Leben und Treiben auf der Straße bestens zu beobachten ist.

Damit allein aber ist es nicht getan. Natürlich will Ihr Wohnungsgenosse auch aktiv am Geschehen teilnehmen. Gewöhnen Sie ihn an Katzenhalsband und Leine, und gehen Sie mehrmals täglich mit ihm spazieren. So verständig behandelt, entwickelt sich auch die naturverbundenste SCHÜTZE-Katze zu einem glücklichen Asphalt-Tiger.

Ob Sie und Ihr Tier nun auf dem Land, in der Stadt oder auf einem Hausboot zu Hause sind: Die im Sternzeichen des SCHÜTZEN schon legendäre Liebe zu den unterschiedlichsten Sportarten darf auf keinen Fall ignoriert werden. Wobei Ihre Feuer-Kreatur nicht unbedingt aktiv am Geschehen beteiligt sein muß. Diese Tiere frönen ihrer Leidenschaft für schweißtreibende Körperkultur durchaus auch vom bequemen Fernsehsessel aus. Dennoch schlägt das Herz einer jeden SCHÜTZE-Katze höher, wenn sie selbst ihre Fähigkeiten unter Beweis stellen darf. Also nehmen Sie sie mit zum Joggen, Ballspielen oder kaufen Sie beide ein Springseil.

Daß Bewegung hungrig macht, weiß jeder. Allerdings wird der Kalorienverbrauch durch körperliche Betätigung meist zu hoch eingeschätzt. Auf jeden Fall aber dürfte er niedriger liegen als jene Futtermengen, die Ihr Liebling nach seinem Fitneß-Programm zu verschlingen wünscht. Lassen Sie sich nicht von zarten Pfötchen weichklopfen. Erklären Sie Ihrem vierbeinigen Genießer lieber, daß fette Katzen unsportlich und bei Sportsfreunden schlecht angesehen sind. Solch zündenden Argumenten ist ein SCHÜTZE durchaus zugänglich. Was nicht zwangsläufig heißt, daß er nicht dennoch ärgerlich maunzend auf einem Nachschlag besteht, den Sie ihm um des lieben Friedens und Ihres Tieres Wohlwollens willen auch manchmal spendieren sollten.

Mit vollem Bäuchlein überfällt auch die agilste SCHÜTZE-Katze eine wohlige Müdigkeit. Zufrieden wird sie ihre eher knapp bemessenen Ruhepausen aber nur dann verbringen, wenn keine Disharmonie das Wohlbehagen stört. Damit ist aber nicht der häusliche Friede gemeint; schmeißen Sie ruhig Teller und Tassen an die Wand, wenn Ihnen danach zumute ist. Gewitter reinigen die Luft, und schwelende Konflikte sind dem Verdauungsschläfchen Ihres Schützlings abträglicher als eine lärmende Geräuschkulisse. Aber sorgen Sie bitte dafür, daß alle in Frage kommenden Ruheplätze – angefangen vom Katzenkörbchen bis hin zur Wohnzimmergarnitur oder Ihrer Bettwäsche – Zugeständnisse an die Lieblingsfarben der SCHÜTZE-Katze, Dunkelblau und Purpur, aufweisen. Lassen Sie bitte keine Unfarben wie Kalkweiß oder Novembergrau in Ihrer Wohnung dominieren. Stehen Sie selbst mehr auf Knallgelb oder Rosarot, dann spendieren Sie Ihrem Haustiger wenigstens diverse Kissen (mit Daunenfüllung) in seinen Lieblingsfarben. Eine echte SCHÜTZE-Katze ist niemals kleinlich und wird akzeptieren, daß auch Sie gewisse Vorlieben und Abneigungen hegen. Aber sie weiß es zu schätzen, wenn Sie die liebevolle Toleranz aufbringen, ihr Körbchen, ihren Fernsehsessel und ihre Futternäpfe ihrem ausgeprägten Farbensinn anzupassen.

Die Schütze-Katze in Gesellschaft

Von Jupiter beherrschte Feuer-Katzen verbreiten Fröhlichkeit und können mühelos selbst in trister Runde für Stimmung sorgen. Sie verstehen es meisterhaft, mit jedem Zeitgenossen richtig umzugehen, und sind stets bereit, jeden Unsinn mitzumachen. Diese Tiere sind ausgezeichnete Zuhörer, sprühen aber auch selbst vor Charme und Unterhaltsamkeit – wenn's gefragt ist. Kurzum, sie sind *die* Gesellschafter des Tierkreises. Sie fühlen sich in einer kleinen Runde ebenso wohl wie auf einem Fest mit hundertzwanzig Personen. Sie müssen nicht zwanghaft im Mittelpunkt stehen, zeigen aber auch keinerlei Scheu, ihre Persönlichkeit ins Rampenlicht zu stellen.

Ob Dinner-Party, großer Cocktail-Empfang, ungezwungenes Trinkgelage, Kaffeekränzchen oder Poker-Runde – eine SCHÜTZE-Katze wird sich wohl fühlen. Ist ihr Jubel und Trubel inner- oder außerhalb der eigenen vier Wände doch lieber als die für typische SCHÜTZEN eintönig anmutende Gemütlichkeit des trauten Heims in gewohnter familiärer Runde. Nicht, daß Ihr Tier etwas gegen besinnliche Fernsehabende oder «Menschärgere-dich-nicht»-Spiele hätte – klaglos wird es solche häusliche Pflichtmonotonie ertragen. Nur sollten die Glanzlichter eines erfüllten SCHÜTZE-Katzenlebens dominieren. Das heißt konkret, daß wenigstens vier von sieben Wochentagen auf amüsantere Art verlaufen sollten.

Meist liest man in Tierbüchern, daß ordentliche Katzen lieber zu Hause bleiben als sich in Cafés, Kneipen oder anderen öffentlichen Vergnügungsstätten herumzutreiben. Was auch immer unter ordentlichen Katzen zu verstehen sein mag, für einen pelzigen SCHÜTZEN trifft diese kätzische Norm kaum zu. Es sei denn, die meisten Planeten befänden sich in entgegengesetzt gepolten Zeichen oder der Aszendent dämpfte ihr lebenslustiges Temperament. Aus astrologischer Sicht grenzt es schier an Hochverrat, sich abends am Skat-Stammtisch, auf der Kegelbahn oder im gutfrequentierten Restaurant ohne seinen vierbeinigen SCHÜTZEN zu amüsieren. Bei Vergnügungen außer Hauses mit Ihrer Katze gilt es lediglich, ein bequemes Kissen und das Futter- beziehungsweise Trinknäpfchen mitzunehmen. Auf das Kissen verzichtet Ihr Liebling zwar gern, aber viele Gastronomen werden damit milder gestimmt (von wegen Katzenhaare). Die Näpfchen jedoch sind unentbehrlich. Essen und Trinken hält Leib und Seele zusammen. Ein weiser Spruch, den Ihre SCHÜTZE-Katze gern mit Pfotenabdruck bestätigt. Ganz klar, daß beim Stammtisch das Brot Ihnen zugedacht ist, der Lachs-, Eier- oder sonstige Belag jedoch im Napf Ihres Tieres zu landen hat. Und zum Durstlöschen sollte es nicht nur schales Leitungswasser geben, sondern zumindest ein Schlückchen dessen, was Sie selbst an geistigen Getränken konsumieren.

Während Ihr SCHÜTZE-Kater ein Leben lang Lausbub bleibt und das auch optisch demonstrieren will, legt Ihre Katzendame etwas mehr Wert auf ein attraktives Äußeres. Obwohl auch sie eher auf burschikos getrimmt ist, möchte sie in Gesellschaft schon ein wenig glänzen. Legen Sie ihr vor dem gemeinsamen Ausgang ein hübsches, aber nicht übertrieben modisches Halsband an. Glätten Sie mit sanften Bürstenstrichen das ohnehin meist seidige Fell.

Wenn Sie Gäste erwarten, brauchen Sie vorher keinen Putztag einzuplanen. Ihre Katze ist nicht penibel. Auch Damasttischtücher, Silberbesteck und Familienporzellan tragen nicht zu ihrem gesellschaftlichen Wohlbefinden bei. Durchforsten Sie lieber Ihr Adressbuch oder Gedächtnis nach schillernden Persönlichkeiten, die auch – aber nicht nur – die Szene mitbestimmen. Und sorgen Sie reichlich für Speis und Trank. Wobei die kulinarische Seite keine Unsummen verschlingen muß (aber darf). Was gut ist, muß nicht unbedingt teuer sein – jedenfalls nicht für eine SCHÜTZE-Katze. Alles ein wenig Ausgefallene und Fremdländische ist Trumpf. Also bitte keinen Nudelsalat Hausfrauenart oder Pellkartoffeln mit Quark. Das würde Ihnen Ihre abwechslungshungrige SCHÜTZE-Katze bis zur nächsten Einladung kaum verzeihen.

Wenn eine Schütze-Katze ihr Herz verliert

Kätzinnen dieses Sternzeichens probieren ihre weiblichen Verführungskünste an sämtlichen Katzen des Reviers aus und schießen Amors Pfeil gekonnt mitten in das liebeshungrige Herz eines galanten Freiers. Um den so Getroffenen dann lässig stehenzulassen und beim nächsten Opfer ihre Reize auszuprobieren. Wer aber glaubt, im Zeichen des SCHÜTZEN geborene Katzendamen seien herzlose Kokotten, der ist auf dem Holzweg. Diese attraktiven und lebensfrohen Tiere flirten bloß für ihr Leben gern und genießen das Spiel mit dem Feuer. Auch unter der Regentschaft des Glücksplaneten Jupiter geborene Kater machen mal dieser, mal jener pelzigen Schönheit den Hof. Völlig unverbindlich, versteht sich. Die Liebe ist für SCHÜTZE-Katzen beiderlei Geschlechts ein amüsantes Spiel, bei dem es alle Nuancen des Poussierens auszukosten gilt.

Diese Tiere lieben nach dem Motto «leben und leben lassen»

und erlauben ihren rolligen und balzenden Artgenossen, nach eigener Fasson glücklich zu werden. Für sich selbst erwarten sie das gleiche Maß an Toleranz. Keine Katze dieses Tierkreiszeichens läßt es zu, daß ihre ausgeprägte Freiheitsliebe beschnitten wird. Jeder Versuch, sie an die Kette zu legen, ist von vornherein hoffnungslos zum Scheitern verurteilt. Eifersucht findet einen mageren Nährboden bei Jupiters bepelzten Feuerwesen. Dennoch können SCHÜTZE-Kätzinnen und -Kater recht ungemütlich werden, wenn sie ihren Angebeteten oder ihre Flamme in flagranti ertappen. Auch wenn die Romanze nur ein kleines Weilchen dauern mag, schätzt es selbst das legere SCHÜTZE-Tier nicht, daß die simpelsten Spielregeln mißachtet werden. Schließlich gibt es selbst auch erst der oder dem Auserwählten freundlich zu verstehen, daß die Verlobung gelöst ist, bevor es wieder munter aus dem vollen schöpft. In Sachen Liebe empfinden vierbeinige SCHÜTZEN leidenschaftlich und entflammen schnell. Aber oft nur für ein Strohfeuer.

Versuchen Sie nicht, das bunte, ungezwungene Naturell Ihres Lieblings zu ändern, Ihre Kätzin lehren zu wollen, in mädchenhafter Scheu zu machen oder Ihren heißgeliebten Kater ans Haus zu fesseln. Ihre Feuer-Katze hat es nun mal nicht mit dem mädchenhaften Getue, und Ihr Kater tut sowieso, was er will.

Falls Sie in rolligen Zeiten aus Ihrer Vorratskammer, dem Kühlschrank oder irgendwo sonst in Ihrem liebevoll ausgestatteten Heim etwas vermissen, schieben Sie nicht spontan Ihren Kindern, der Putzfrau oder dem Elektriker den Schwarzen Peter zu. SCHÜTZE-Katzen erfüllen ihren Angebeteten auch die ausgefallensten Wünsche. Nichts ist vor ihnen sicher. Die Großzügigkeit eines SCHÜTZEN ist schon fast sprichwörtlich. Ihr freigebiges Tier möchte andere verwöhnen, sein Schäferstündchen mit einem Hauch von Luxus krönen. Es gibt nun mal gern mit voller Pfote. Und ist glücklich, wenn Sie genauso veranlagt sind.

Die Schütze-Katze in Sachen Gesundheit und Reisen

Für Ihre quirlige Feuer-Katze kommt jedes ernsthafte Leiden einem Weltuntergang gleich. Bedeuten Krankheit und Gebrechen doch, hilflos ans Körbchen gefesselt zu sein und stillhalten zu müssen. Beziehungsweise Ruhe und nochmals Ruhe. Eine höchst unerquickliche Situation für solch ein betriebsames Tier, die Sie ihm als liebevolle Katzeneltern nach allen Regeln der Krankenpflegekunst erleichtern sollten.

Glücklicherweise hat es die Natur so eingerichtet, daß SCHÜTZE-Katzen nicht gleich vom ersten Windhauch umgeweht werden. Unter Jupiter geborene Geschöpfe beiderlei Geschlechts sind mit enormer Widerstandskraft und einer geradezu sagenhaft stabilen Konstitution ausgerüstet. Aber auch die robusteste aller robusten Katzen dieses Sternzeichens macht mit größter Wahrscheinlichkeit irgendwann die Bekanntschaft eines Tierarztes – und zwar nicht nur zwecks regelmäßiger Impfung. Verantwortlich dafür ist in erster Linie das temperamentvolle Naturell dieser geschäftigen Kreaturen. Beinbrüche, Verstauchungen und Zerrungen, auch Kopfverletzungen oder Bißwunden stehen ganz oben auf der Liste möglicher gesundheitlicher Gefahren. Lunge und Leber erweisen sich ebenfalls als anfällig. Versuchen Sie doch, sich und anderen Zeitgenossen das Rauchen und Ihrer Katze die Vorliebe für geistige Getränke abzugewöhnen. Auch Verdauungsstörungen (Verstopfungen durch den Genuß reichlicher, aber nicht ballaststoffhaltiger Mahlzeiten) und Kreislaufstörungen kommen vor. Ebenso Drüsenstörungen, Hautausschläge und Allergien.

Ist Ihr Liebling tatsächlich mal krank, lassen Sie ihn bei dieser Gelegenheit am besten in einer guten Tierklinik gründlich durchchecken. SCHÜTZE-Katzen sind alles andere als wehleidig, und so lassen sich Krankheiten selbst bei genauester Beobachtung oft erst im fortgeschrittenen Stadium registrieren.

Um Ihrem pelzigen Patienten das Leben so angenehm wie möglich zu machen, leisten Sie ihm bitte so oft es nur geht

Gesellschaft. Falls räumlich realisierbar, ersetzen Sie das Körbchen durch eine kleine Hängematte mit bequemen Kissen, die natürlich ganz niedrig über dem Boden schweben sollte. Ihr Tier wird es Ihnen danken. Hat es so doch zumindest das Gefühl einer gewissen Beweglichkeit. Betten Sie es auf den Sessel vor dem Fernsehapparat, damit es bewegliche Bilder anschauen kann.

Reisen zählen mit zu den Höhepunkten eines ausgefüllten SCHÜTZE-Katzenlebens. Wesen dieses Sternzeichens sind *die* Globetrotter des Tierkreises. Sie haben das Fernweh schon mit der kosmischen Muttermilch in sich aufgesogen und fühlen sich auf der ganzen Welt zu Hause. Feurige Jupiter-Katzen schätzen zwar ihr gemütliches Zuhause durchaus. Lieber aber als in den eigenen vier Wänden sind sie eben unterwegs. Es ist gewiß kein Zufall, daß so viele zweibeinige SCHÜTZEN in der Reisebranche tätig sind oder als Journalisten, Piloten und eingefleischte Weltenbummler unseren Planeten unsicher machen.

Wo auch immer die Reise hingeht – Ihre Katzendame ist ebenso freudig dabei wie Ihr Katzenherr. Selbst im zarten Kindesalter wird jeder Tapetenwechsel mit glücklichem Schnurren verdankt. Körbchen, Futtergeschirr oder Spielsachen Ihres Tieres dürfen Sie getrost zu Hause lassen. Ihr pelziger SCHÜTZE paßt sich nicht nur jeder neuen Situation mühelos an. Nein, er genießt es geradezu, völlig veränderte Lebensumstände vorzufinden. Ist eine SCHÜTZE-Katze mit von der Partie, muß man nicht sein Sparkonto plündern, um die Welt zu sehen. Zwar hat Ihr Liebling nichts gegen Nobelhotels, schnelle Autos oder Erster-Klasse-Bahnfahrten einzuwenden. Er fühlt sich aber genauso wohl und vielleicht sogar noch unbeschwerter im Wohnmobil oder im Zelt auf dem Campingplatz, denn diese Tiere lieben ein ungebundenes Leben in der freien Natur fast über alles.

Als wahnwitzige Zeitverschwendung empfindet ein SCHÜTZE übrigens monatelanges Planen bezüglich Reiseroute, unbedingt abzuhakender Sehenswürdigkeiten oder passender Unterkünfte. Trauen Sie Ihrem unbekümmerten Tier, und fahren Sie einfach ins Blaue. Aber wenn Sie ein Anhänger straff durchorganisierter Pauschalreisen sein sollten, verzeiht Ihnen Ihr Hausgenosse diesen Hang zu Bequemlichkeit und Sicherheit. Vorausgesetzt, Sie packen die Koffer so oft wie nur irgend möglich.

Steinbock

22. Dezember bis 20. Januar

Herrschender Planet: Saturn
Element: Erde
Temperament: phlegmatisch
Glücksstein: schwarzer Onyx

Vorherrschende Eigenschaften bei Menschen

Positiv: zuverlässig, treu, gewissenhaft, gehorsam, konservativ, bescheiden, ausdauernd, maßvoll, diszipliniert

Negativ: mißtrauisch, pessimistisch, nachtragend, schüchtern, übellaunig, eifersüchtig

So erkennen Sie eine Steinbock-Katze

Falls sich ein Katzentier dieses Sternzeichens in Ihrem Heim angesiedelt hat, lassen sich rasch Hinweise für seine himmlische Prägung finden. Scheinen diese Tiere doch die Weisheiten des allerneusten Knigge mit Löffeln gefressen zu haben. STEINBOCK-Katzendamen und -herren zeigen ausgesucht gute Manieren in praktisch jeder Lebenssituation und sind darüber hinaus die Ordnungsliebe in Person. Ein Pelztier, das ungehemmt Handtaschen, Strümpfe oder Schuhe ungeliebter Zweibeiner zerfleddert, ist gewiß kein STEINBOCK. Und auch die Katze, die mit einem ebenso ausgelassenen wie sorglosen Sprung alle Tassen auf der liebevoll gedeckten Kaffeetafel überschwappen läßt, muß einem anderen Sonnenzeichen angehören. Ganz zu schweigen von Vierbeinern, die überall ihre Spiel- und sonstigen Sächelchen verstreuen.

Sehr zutraulich zeigen sich von Saturn beherrschte Wesen kaum. Selbst wenn Sie schon ein geraumes Weilchen Tisch und vielleicht sogar Bett miteinander teilen, bleiben zwischen der Weihnachtszeit und Ende Januar geborene Katzen eher auf Distanz und führen ein eigenbrötlerisches Dasein. Sie kommen auch nie auf für einen STEINBOCK absurde Gelüste wie sich bei Fremden anzubiedern, um ihr seidiges Fell kraulen zu lassen. Es sei denn, sie hätten einen ZWILLINGS- oder SCHÜTZE-Aszendenten. Auch werden diese Erdkatzen selten auf der Straße oder in fremden Gärten gesichtet. Stecken sie doch ihr Revier grundsätzlich im engsten Radius um ihr Zuhause ab. Sie zeigen auch keine sonderlichen Ambitionen, mit Artgenossen herumzutoben oder irgendwelche Kämpfe auszutragen.

Pelzige STEINBÖCKE sind absolut keine eitlen Laffen. Trotzdem wirken sie stets wie geschniegelt und gebügelt, und an ihrem Äußeren ist so gut wie nie etwas auszusetzen. Neben untadeligem Aussehen sind ruhige und gemessene Bewegungen typisch für saturnische Erdkreaturen. Eine temperamentvolle, durch die Landschaft galoppierende STEINBOCK-Katze wäre

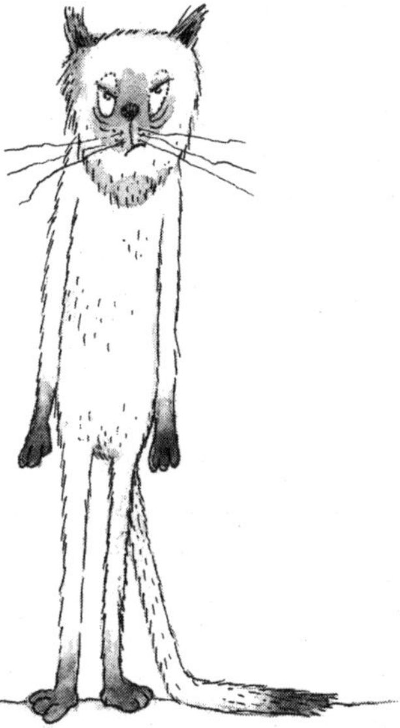

Steinbock

wohl ebenso einmalig wie ein besinnlicher WIDDER-Pelztiger. Selbst in der größten Hektik (auch wenn das Haus brennt oder Futterzeit ist) gilt das Motto: «Eile mit Weile».

Gelegentlich können Sie einem korpulenten oder gar fetten Vertreter dieses Tierkreiszeichens begegnen. Meist aber präsentieren sich Saturn-Katzen eher hager, mit breitknochigem Körperbau. Die für gewöhnlich sorgenvoll gefurchte Stirn bedeckt ein ausnehmend seidiges, fast Engelshaar gleichendes Fell.

Wenn Sie sich absolute Gewißheit über den kosmischen Stammbaum verschaffen wollen, servieren Sie Ihrem heißhungrigen Liebling statt des gewohnten Futters einmal ausgefallene Gerichte wie Seezunge mit Curry oder Tatar mit Cayennepfeffer. Derartige Zumutungen wird ein lupenreiner STEINBOCK mit ebenso angewidertem wie grämlichem Maunzen quittieren. Er wird deswegen aber keineswegs mit knurrendem Magen herumlaufen müssen. Gibt es doch keine STEINBOCK-Katze auf diesem Planeten, die nicht ebenso reichliche wie säuberlich verstaute Futtervorräte für Notzeiten hortet.

Wie ein Steinbock-Katzenkind aufwachsen möchte

Ihr winziges saturnisches Wollknäuel muß ein reichliches Maß an Kummer durchleiden, wenn es von seiner Familie getrennt wird. Bei diesen introvertierten Geschöpfen hinterläßt der Abschied von den gewohnten Angehörigen tiefen Schmerz. Selbstverständlich heilt auch beim sensiblen STEINBOCK-Kätzchen die Zeit alle Wunden. Doch dauert die seelische Genesung erheblich länger als bei den meisten Vertretern anderer Sternzeichen. Nicht nur, weil dieses kleine Wesen besonders innig an seiner Katzenmama und seinen Geschwisterchen hängt, sondern weil es grundsätzlich eine gewisse Problematik in sich birgt, STEINBÖCKE zu «verpflanzen». Ihr neuer Hausgenosse ist ausgesprochen scheu und alles andere als kontaktfreudig. Obwohl sein astrologisches Element ihn schon im zarten Kindesalter mit allen vier Pfötchen fest auf der Erde stehen läßt, wird Ihr Schützling von angeborenem Pessimismus und schwach ausgeprägtem Selbstbewußtsein beherrscht. Um ihm die Eingewöhnungszeit zu erleichtern, bedarf es einigen Fingerspitzengefühls und schier unerschöpflicher Geduld. Wahrscheinlich verbringt Ihr Pelzknirps in den ersten Tagen, vielleicht sogar Wochen, einen Großteil seiner Zeit in entlegenen Ecken und Winkeln, in denen er sich sicher wähnt. Versuchen Sie bitte nicht, mit Hauruck-Methoden Ihr STEINBOCK-Katzenbaby aus der Reserve zu locken. Und wimmeln Sie alle Eindringlinge ab, die das süße Kätzchen bewundern oder gar knuddeln wollen.

Außerordentlich wichtig für das Wohlbefinden Ihres kleinen STEINBOCKS ist ein an kaum begangenem Platz aufgestelltes Körbchen. Statten Sie es reichlich mit Kuschelkissen in seinen Lieblingsfarben Schwarz, Dunkelgrau und Dunkelbraun aus. Und besorgen Sie ihm eine lebensgroße Stofftier-Katzenfamilie, mit der er ebenso hingebungsvoll zärtlich spielen wird. So liebevoll umsorgt wird er dann langsam, aber sicher die neue Umgebung erkunden und zaghaft erste Annäherungsversuche starten.

STEINBOCK-Katzenkinder beiderlei Geschlechts sind kleine Ordnungs- und Sauberkeitsfanatiker. Sie spielen nicht vergnügt mit unterm Sofa vorgezauberten Staubflocken wie beispielsweise ein ZWILLINGS- oder SCHÜTZE-Kätzchen, sondern ziehen sich beim Anblick solcher hygienischen Mißstände wieder verstört in ihr Schneckenhaus zurück. Man muß nicht unbedingt vom Boden essen können, und es darf auch ruhig mal was rumliegen. Aber Dreck und Lotterwirtschaft tragen kaum zum Kindheitsglück Ihres Lieblings bei. Mit regelmäßigen Säuberungs- und Aufräumaktionen schlagen Sie im übrigen gleich zwei Fliegen mit einer Klappe, weil Sie damit nicht nur den Urinstinkt Ihres Zöglings nach Reinlichkeit befriedigen, sondern auch das sogar beim ernstesten STEINBOCK-Katzenkind vorhandene Bedürfnis nach Spiel und Spaß. So wenig es normalerweise Gefallen an Fangspielchen oder allzuviel Bewegung findet, so begeistert ist es bei der Sache, wenn sich das Angenehme mit dem Nützlichen verbinden läßt. Plötzlich tobt es in völlig STEINBOCK-untypischer Manier ausgelassen hinter dem Staubsauger her, krallt sich am Putzlumpen fest und läßt sich vergnügt maunzend übers Parkett ziehen. Auch lieben es saturnische Knirpse, sich als ebenso geschickte wie zuverlässige Fliegenfänger zu betätigen. Reagieren Sie aber bitte nicht grämlich, wenn beim Fliegenfangen Ihr Vorhang Laufmaschen und der polierte Rosenholztisch Kratzer bekommt. Loben Sie statt dessen das eifrige Tierchen in höchsten Tönen, zollen Sie ihm Anerkennung ob seiner Genauigkeit und Geschicklichkeit.

Wundern Sie sich aber nicht, wenn Ihr Liebling während Ihrer Lobeshymnen völlig unerwartet wie von der Tarantel gestochen in sein Körbchen verschwindet und vorerst nicht mehr aus der Versenkung auftaucht. STEINBOCK-Katzen können nicht demonstrativ ihre Freude über Lob und Anerkennung zeigen. Obwohl gerade diese unsicheren Tiere unendlich viele Streicheleinheiten brauchen, reagieren sie darauf eher abweisend oder verlegen.

Ihr von Saturn beherrschtes Erd-Katzenkind reißt sich kaum um Kontakte zu anderen Artgenossen. Versuchen Sie also nicht, ihm die in Ihrem Garten aufkreuzende Nachbarskatze schmackhaft zu machen. Auch braucht Ihr Schützling kein allzeit freien Auslauf gewährendes Katzentürchen an der Haus- oder Kellertür. STEINBOCK-Katzen sind Stubentiger, wie sie im Buche stehen, was sie zu idealen Mitbewohnern in Etagenwohnungen macht. Treiben Sie Ihr Kleines nicht an die frische Luft, wenn es partout nicht will. Kätzchen dieses Sonnenzeichens gelüstet es wenig, stundenlang durch Feld und Flur zu streifen. Sie halten es lieber mit der Behaglichkeit des vertrauten Heims und machen es sich in ihrem kuscheligen Körbchen oder unter Ihrer – hoffentlich in dunklen Tönen bezogenen – Bettdecke gemütlich. Um in wohliger Wärme und Geborgenheit sanft schnurrend zu fühlen, daß sie eine schönere Kindheit als bei Ihnen nirgendwo auf diesem Planeten haben können. Bei Ihnen – seinen verständigen und unaufdringlichen Katzeneltern.

Wie Sie das Herz einer Steinbock-Katze erobern

Von Saturn beherrschte Erdkatzen sind *die* Gerechtigkeitsfanatiker des Tierkreises. Sie verhalten sich jeder Kreatur gegenüber prinzipiell fair und erwarten für ihre Person das gleiche. Eine zu unrecht getadelte STEINBOCK-Katze hegt zwar nur selten den Wunsch, sich zu rächen, vergißt die Kränkung aber unter Umständen tagelang nicht. Sie behandelt den «Täter» wie Luft, reagiert mit Erbrechen oder Magenverstimmung und kann in tiefste Depressionen verfallen. Kluge Katzeneltern tun also gut daran, nicht jede Untat gleich ihrem pelzigen Haustier in die Schuhe zu schieben. Vergewissern Sie sich doppelt und dreifach, ob der zerrissene Sofabezug nicht vielleicht dem Zahn der Zeit statt Ihrer Katze zum Opfer gefallen ist oder ob der nasse Fleck auf dem nagelneuen Teppichboden wirklich tierischen Ursprungs ist. Auch verlegte Schlüssel oder spurlos verschwundene Geldscheine gehen nicht zwangsläufig auf das Konto Ihres ordnungsliebenden Schützlings. Wobei es mit besagten Geldscheinen so eine Sache sein kann. Die schon legendäre Sparsamkeit sämtlicher im Zeichen STEINBOCK geborener Kreaturen könnte durchaus zu der Annahme verführen, daß Banknoten im kätzischen Tresor für Notzeiten verschwinden. Denken Sie darüber nach, ob Ihr Tier Grund zu der finsteren Ahnung hat, daß Sie nicht wirtschaften können.

Sinnen Sie auch darüber nach, ob Ihr Lebensglück wirklich davon abhängt, dreimal in der Woche auszugehen. Orientieren Sie sich an der genügsamen Lebensart Ihrer Katze. Pelzige STEINBÖCKE legen zwar Wert auf kräftige und reichliche Mahlzeiten, bestehen aber niemals tagein tagaus auf kostspieligen Extravaganzen wie frischem Tatar oder Rinderfilet. Auch beim

Spielzeugeinkauf brauchen Sie keine Federn zu lassen. Ein paar hölzerne Garnröllchen, die Sie selbst in den Lieblingsfarben Ihres Tieres, Schwarz, Braun und Dunkelgrau, lackieren können, zwei, drei Bällchen und eine solid verarbeitete Stoffmaus – mehr will und erwartet Ihr Liebling nicht.

Waschechte STEINBOCK-Katzen sind selten bequeme oder gar faule Geschöpfe. Zwar hegen sie kaum den Wunsch zu großer sportlicher Betätigung oder ausgedehnten Märschen durchs Revier, Untätigkeit ist ihnen jedoch ein Greuel. Sollten Sie einmal an einem keineswegs arbeitsfreien Wochentag den lieben Gott einen guten Mann sein lassen wollen, weil die Sonne so schön scheint oder Sie einfach keine Lust haben, zeigt Ihr Pelztier dafür wenig Verständnis. Es sei denn, Sie verbringen den ganzen Tag im Bett oder schmerzgekrümmt auf dem Sofa, um so mit hervorragendem schauspielerischen Talent die Notwendigkeit Ihres Drohnendaseins glaubhaft zu machen.

Das alles mag so klingen, als sei eine typische STEINBOCK-Katze jeglichem Vergnügen abhold und eine Art wandelndes Sparschwein auf vier Pfoten, das nur Entbehrungen und Pflichtbewußtsein kennt. Nun, ein saturnisches Wesen ist zwar selten ein Bruder Leichtfuß, trotzdem aber durchaus in der Lage, sich köstlich zu amüsieren und das Leben zu genießen. Aber es muß alles im Rahmen bleiben.

Auch wenn Saturn-Katzen sich schwertun, ihre Zuneigung offen zu zeigen, sind sie ab und zu ausgedehnten Schmusestündchen keineswegs abhold. Nehmen Sie Ihren Liebling auf den Schoß, wenn er sich zaghaft an Ihren Beinen reibt. Und erklären Sie ihm, wie wichtig es für *Sie* ist, sein weiches Fellchen zu streicheln und ihn liebkosen zu dürfen. Hingebungsvoll wird Ihr pelziger STEINBOCK in Ihren Armen schnurren und seufzen. Weil er spürt, daß Sie Liebe und Zärtlichkeit genauso dringend brauchen wie er selbst.

Die Steinbock-Katze in Gesellschaft

Wer einmal versuchsweise die symbolischen Hörner eines pelzigen STEINBOCKS zu spüren bekommen möchte, für den gibt es ein todsicheres Rezept. Man funktioniere das traute Heim in ein sogenanntes «offenes Haus» um, in dem sich Krethi und Plethi die Klinke in die Hand geben. Die Langmütigkeit einer STEINBOCK-Katze ist zwar fast unendlich, aber eben nur fast. Bei einem so groben Verstoß gegen die Vorliebe saturnischer Kreaturen für eine zurückgezogene und überschaubare Lebensweise reißt auch dem beherrschtesten Vertreter dieses Sternzeichens der Geduldsfaden. Mit vor Zorn hochgestelltem Schwanz und gesträubtem Rückenhaar verwandelt sich dieses friedliche Geschöpf in eine fauchende, kratzende Bestie, die alle angeborene vornehme Zurückhaltung vergißt und schäumend vor Wut das ganze Gesindel zu vertreiben sucht. So was können Sie sich bei Ihrem sanftmütigen, introvertierten Liebling gar nicht vorstellen? Nun, dann machen Sie doch einmal die Probe aufs Exempel!

Möchten Sie mit einem STEINBOCK-Stubentiger nicht wie Hund und Katz zusammenleben oder sich seinen Unmut auf unabsehbare Zeit zuziehen, gilt es schon, einige gesellschaftliche Spielregeln zu beachten. Unangemeldete Gäste beispielsweise werden nur in seltenen Ausnahmefällen willkommen geheißen. Saturn-Kätzinnen und -Kater hassen spontane, aufdringliche Besucher. Vor allem jene Zeitgenossen, die ihnen stundenlang die Ohren mit irgendwelchen Wehwehchen volljammern oder zum hundertstenmal angelaufen kommen, um Sachen zu pumpen, die sie regelmäßig vergessen zurückzubringen. Typische Schnorrer also. Dabei ist Ihre Katze kein bißchen hartherzig oder gar geizig. Im Gegenteil, sie kann sich ebenso ausdauernd wie teilnahmsvoll den Kummer schmerzerfüllter Geschöpfe anhören und würde es Ihnen aufs ärgste verübeln, wenn Sie angenehme Gäste kleinlich bewirten. Aber eben alles zu seiner Zeit und mit einer gewissen Lebensart.

Durchaus akzeptabel findet eine STEINBOCK-Katze die gelegentliche Anwesenheit lieber Verwandter. Diese traditionsbewußten Tiere achten familiäre Bande und auch das hohe Alter. Dennoch sollte sich Ihre Sippschaft einigermaßen manierlich und gesittet präsentieren. Abgerissene oder gar schmuddelige Personen sind ungern gesehen. Aber solche Gestalten zählen ja gewiß nicht zu Ihrer Verwandtschaft!

Eine STEINBOCK-Katze erwartet grundsätzlich, daß die Formen des Anstands gewahrt bleiben. Dabei wird Ihr eigenes Verhalten ebenso kritisch beäugt wie das geladener Mitmenschen. Sind Sie zusammen mit Ihrer STEINBOCK-Katze irgendwohin eingeladen, lassen Sie Ihr Tier lieber zu Hause, falls die Gastgeber Worte wie Sauberkeit und Ordnung nur vom Hörensagen kennen. Oder wenn die angepeilte Wohnung aussieht, als sei sie monatelang unbewohnt gewesen, weil eine dicke Staubschicht Tisch und Schränke bedeckt. Selbst wenn es Ihnen nichts ausmacht, sich in verdreckten Räumlichkeiten aufzuhalten, Ihrem peniblen Vierbeiner sollten Sie derartige Zumutungen ersparen.

In Gesellschaft sind von Saturn beherrschte Katzen meist verlegen und scheu und stehen nicht gern im Mittelpunkt. Auch wenn nur ein paar Leute bei Ihnen zu Gast sind, möchte Ihr schüchterner Liebling nicht wie ein Tanzbär vorgeführt werden. Es braucht halt ein Weilchen, bis sich dieses Erdwesen akklimatisiert und der frohen Runde zugesellt. Dann aber genießt es durchaus gerne den einen oder anderen Leckerbissen und läßt sich von besonders reizenden Zweibeinern auch gnädig kraulen.

Wenn eine Steinbock-Katze ihr Herz verliert

Windige Flirts sind kaum nach dem Geschmack eines pelzigen Saturn-Geschöpfes. Und die Liebe auf den ersten Blick passiert bei diesem Tierkreiszeichen eher als wohltemperierte Leidenschaft auf den dritten Blick. STEINBOCK-Kätzinnen und -Kater überstürzen grundsätzlich nichts im Leben. Warum also sollten diese phlegmatischen Wesen ausgerechnet in Sachen Liebe durchdrehen und Hals über Kopf Entscheidungen treffen? Rollige STEINBOCK-Weibchen sehen sich in aller Ruhe unter den in Frage kommenden Freiern der engeren Nachbarschaft um. Und auch ein saturnischer Erd-Kater auf Brautschau denkt nicht in seinen kühnsten Träumen daran, den Möchtegern-Casanova zu spielen oder kilometerlange, strapaziöse Fußmärsche auf sich zu nehmen, um einer möglichen Flamme hinterherzueilen. Besonnenheit ist Trumpf! Wer sich Hals über Kopf verliebt und wen Liebe blind macht, der riskiert schließlich, an einen ungehobelten Bräutigam oder eine leichtlebige Braut zu geraten.

STEINBOCK-Katzen beiderlei Geschlechts sehen sich vor allem nach Tieren wohlhabender oder geachteter Familien um. Selten wird eine im verlassenen Wohnwagen beheimatete, eingefleischte Streunerkatze das Rennen machen. Die oder der Auserkorene muß im übrigen keineswegs einen erlesenen Stammbaum vorweisen können. Uralter Mischlingsadel ist ganz klar sogar eher gefragt als hochgezüchtete Artgenossen. Auch beim letzten Schönheitswettbewerb muß ein von Saturn-Katzen in die engere Wahl gezogenes Weibchen oder Männchen nicht den ersten Preis gemacht haben. Aber appetitlich sollte es schon aussehen und einfach adrett wirken.

Selbst wenn eine STEINBOCK-Kätzin ihr Herz verloren hat, gibt sie sich unnahbar und ist nur mit sehr viel Geduld und seriösen Liebesbeweisen zu erobern. Sie verbringt lieber trüben Blikkes mondbeschienene Nächte, als ihre Zuneigung ungehemmt zu offenbaren. Helfen Sie Ihrem introvertierten Liebling, gewähren Sie dem offensichtlich auserkorenen Kater Einlaß in Ihr Heim. Geben Sie ihm und Ihrer Kätzin die Chance, sich einander in gepflegter Atmosphäre und in aller Ehre zu erklären. Trotz kühler Fassade erwacht auch beim Saturn-Weibchen glühende Leidenschaft, wenn das Eis erst einmal gebrochen ist.

Ihr verliebter Kater zieht es allerdings vor, sein Schäferstündchen außerhalb der häuslichen Mauern zu genießen. Drücken Sie ein Auge zu, wenn er den Lachs, die fürs Abendessen vorgesehenen Sprotten oder das frische Tatar entwendet. Ein endlich verliebter STEINBOCK-Mann aus dem Menschenreich besucht seine Herzensdame schließlich auch nicht ohne Blumenstrauß oder üppige Bonbonniere. Ihr STEINBOCK-Kater zeigt sich ebenso galant.

So keusch – um nicht zu sagen verklemmt – sich jüngere Saturn-Katzen beim Bettgeflüster zeigen, so locker gebärden sich oft STEINBÖCKE älteren Semesters. Urplötzlich können sie so etwas wie eine reife Lolita oder ein Spät-Casanova werden. Zeigen Sie Verständnis für den zweiten Frühling Ihres Pelztiers, das für gewöhnlich einiges, manchmal sogar alles auf Amors Bühne nachzuholen hat.

Die Steinbock-Katze in Sachen Gesundheit und Reisen

Die Ursache so manchen Leidens, das von Saturn beherrschte Katzen quält, ist in der Lebensangst und dem angeborenen Pessimismus dieser Tiere zu finden. Versuchen Sie wo und wann immer möglich, Ihre STEINBOCK-Katze aufzuheitern und ihr eventuelle Ursachen für seelischen Kummer zu ersparen (reichliche Vorräte, keinen ungerechten Tadel, harmonisches Familienleben).

Bei aller liebevollen Fürsorge aber läßt es sich dennoch kaum vermeiden, daß Ihren Liebling manchmal der eine oder andere Kummer plagt, den er dann meist leider klaglos in sich hineinzufressen pflegt. Auch die liebevollsten Katzeneltern können ihr Tier schwerlich vor Depressionen und plötzlichen Anfällen von Weltschmerz bewahren. Daß Kummer auf den Magen schlägt, weiß schon der Volksmund. So haben es STEINBOCK-Kätzinnen und -Kater auch häufig mit Magenleiden, Stoffwechsel- und Verdauungsstörungen zu tun. Gut wäre es darum, wenn entkrampfende Magenpräparate und Klistierspritze einen Stammplatz in Ihrer Hausapotheke hätten.

Erkältungskrankheiten gehören zum festen Repertoire bei zwischen dem 22. Dezember und 20. Januar geborenen Katzen. Üben Sie sich rechtzeitig in der Kunst, Brust- und Halswickel anzulegen und wohltemperierte Bronchial- und Kräutertees zu brauen. Da auch die Zähne dieser Tiere oft nicht die besten sind, empfiehlt es sich, regelmäßige Kontrollen beim Tierarzt einzuplanen. Hautkrankheiten und heimtückische Allergien stehen ebenso im STEINBOCK-typischen Krankheitsbrevier wie Rheuma, Gicht und der frühzeitige Verschleiß von Gelenken.

Trotz aller gesundheitlichen Gefährdungen pflegen Katzen dieses Sternzeichens ein ungewöhnlich hohes Alter zu erreichen. Grund genug, stets ein waches Auge auf mögliche Gebrechen zu haben, damit diese – weil unerkannt – nicht chronisch werden. Was leider gerade bei langlebigen STEINBOCK-Pelztieren nicht die Ausnahme ist.

Sind sie aber von einem Leiden geplagt, entpuppen sie sich als zu den folgsamsten und geduldigsten Patienten des Tierkreises gehörend. Sie lassen sich die widerlichste Medizin mühelos einflößen und schlucken Tabletten, ohne mit der Wimper zu zukken. Voraussetzung für solche Pflegeleichtigkeit ist, daß Sie Ihre kranke Katze ausführlich über Sinn und Zweck der Therapie, vor allem auch über die Schwere des Leidens informieren. Sie möchte wissen, wie es um sie steht. Wenig aussagekräftiges Geschwafel wie «ist ja halb so schlimm» und «wird schon werden» beruhigen nicht, sondern lassen eher Schlimmstes befürchten und ihr Tier in urplötzlicher Aggressivität ob dieser Art von Entmündigung Tabletten und Säftchen in weitem Bogen von sich spucken.

Betten Sie Ihren erkrankten Liebling peinlich sauber und an einen absolut ruhigen Ort. Und drängen Sie ihm nicht Ihre mitleidende Gesellschaft auf. Wenn er Ihrer liebevollen Zuwendung bedarf, wird er das trotz brennender Halsentzündung maunzend kundtun.

Eine noch nicht erwähnte Krankheitsursache bei kätzischen STEINBÖCKEN kann in Ihren Reiseplänen versteckt sein. Möglicherweise sind Sie ein geborener Weltenbummler, und das Schwergewicht Ihrer Unterhaltungen wird auf eben dieses Thema gelegt. Aber selbst wenn Sie nur harmlos über Ihren wohlverdienten Jahresurlaub diskutieren, kann das Magenbeschwerden, Allergien oder würgendes Erbrechen bei Ihrer STEINBOCK-Katze auslösen. Besprechen Sie Ihre Urlaubspläne nicht vor ihr, und verstecken Sie Koffer und Reisekörbchen an einem sicheren Ort. Rücken Sie erst mit der Sprache heraus, wenn alles schon beschlossene Sache ist.

Abenteuerliche Fernreisen sollten Sie Ihrem pelzigen Saturnier lieber ersparen und ihn dafür bei hilfsbereiten, bodenständigen Freunden unterbringen. Gegen wohldurchdachte, bis ins kleinste Detail geplante Ferien hat Ihr Hausgenosse jedoch wenig einzuwenden.

Beliebte Reisegegenden sind nicht nur Berge von tausend bis zweitausend Metern Höhe. Einen mindestens ebenso hohen Erholungswert birgt das Hinterland wasserreicher Regionen in sich, also das *platte* Land. Nisten Sie sich in Behaglichkeit und Ruhe versprechenden Vollpensions-Bauernhöfen ein und meiden Sie ebenso turbulente wie kostspielige Nobelabsteigen. Eine hochkarätige STEINBOCK-Katze wird sich zwar kaum an Mist und Dung ergötzen, dafür aber an der Beschaulichkeit heilen Landlebens.

Wassermann

21. Januar bis 19. Februar

Herrschender Planet: Uranus
Element: Luft
Temperament: sanguinisch
Glücksstein: Bernstein

Vorherrschende Eigenschaften bei Menschen

Positiv: energisch, unkonventionell, fortschrittlich, begeisterungsfähig, tolerant, hilfsbereit, witzig

Negativ: unstet, exzentrisch, unordentlich, reizbar, treulos, eigenwillig

So erkennen Sie eine Wassermann-Katze

Sollten Sie jemals etwas Außergewöhnliches oder völlig Verrücktes tun und sich dabei plötzlich in Gesellschaft einer Katze wiederfinden, dann kann es sich nur um ein WASSERMANN-Katzenweibchen oder -männchen handeln. Das Tier, das sich Ihnen bei völlig abnormen Aktivitäten höchst interessiert nähert, feiert mit absoluter Sicherheit Ende Januar und im Februar seinen Geburtstag. Von Uranus beherrschte Katzen lieben alles Ungewöhnliche und tanzen mit einem ausgeprägten Hang zur Komik auch selbst gern aus der Reihe. Was würden Sie zum Beispiel sagen, wenn Sie einer Katze ansichtig werden, die, das linke Hinterbeinchen schmerzerfüllt hochgezogen, neben Ihnen herhinkt? Um erstaunlicherweise plötzlich mit dem rechten Hinterbeinchen abzuwechseln und in gleicher Manier mit den Vorderbeinen fortzufahren? Oder: Sie kehren in Ihr offenes Cabriolet zurück und finden ein Pelztier vor, das äußerst konzentriert die Schalter Ihres Armaturenbretts bedient. Oder: Sie sitzen zu Hause und hören klassische Musik, da schrecken Sie schlagartig von schrillenden Geräuschen eines Pop-Konzerts hoch, ausgelöst von Ihrer mit der Fernbedienung wohlvertrauten Katze. Ein Astrologe kann es Ihnen sofort sagen: Dieses Tier ist ein astreines Uranus-Geschöpf. Sehen Sie, so einfach ist es, eine WASSERMANN-Katze zu identifizieren.

Es ist Ihnen bislang noch keine Katze über den Weg gelaufen, die sich derart seltsam verhält? Das darf Sie nicht entmutigen. Das Geheimnis des kosmischen Stammbaums läßt sich auch anders lüften. Kleiden Sie sich von Kopf bis Fuß in bernsteinfarbene Töne, ziehen Sie dunkelblaue oder violette Sachen an (die Lieblingsfarben des hundertprozentigen WASSERMANNS). Eilt dann eine Katze hinter Ihnen her, als seien Sie eins der sieben Weltwunder, oder reibt zufrieden ihr Köpfchen an Ihnen, so ist sie bestimmt im Zeichen des Wassermanns geboren.

Sollten diese Farben nicht nach Ihrem Geschmack sein, kann Ihnen eine lockere oder engere Beziehung zu diesen Luft-Wesen

Wassermann

einige Probleme bescheren. Um so wichtiger also, sie rechtzeitig zu erkennen!

Der Körperbau der WASSERMANN-Katze ist meist feingliedrig und wirkt eher zerbrechlich. Gewöhnlich ist sie schlank, manche sogar ausgesprochen mager. Es gibt zwar fette WASSERMANN-Katzen, sie bestätigen allerdings eher die Ausnahme als die Regel. Normalerweise blickt man in unergründliche Augen, und ein Hauch von Geheimnisvollem haftet diesen ebenso undefinierbaren wie anziehenden Persönlichkeiten an. Vom Wuchs her darf man uranische Vierbeiner als mittelgroß bezeichnen. Wobei WASSERMANN-Katzenweibchen eher kleiner sind als ihre männlichen Artgenossen.

Sie meinen, dieser kosmische Steckbrief könne auch auf Kreaturen anderer Sternzeichen zutreffen? Das mag sein. Aber dann bleibt Ihnen als Detektiv in Sachen astrologischem Erkennungsdienst nur eine Möglichkeit: Sie müssen eben doch mal was völlig Außergewöhnliches oder gar Verrücktes tun.

Wie ein Wassermann-Katzenkind aufwachsen möchte

Wenn WASSERMANN-Knirpse Abschied von Katzenmama und Geschwisterchen nehmen, werden sie kaum jämmerlich maunzen und wimmern. Sie werden ihrer lieben Sippschaft ein letztes Mal fröhlich zublinzeln und sie schon im nächsten Augenblick vergessen haben. Bei diesen Pelztieren gilt das Motto: «Aus den Augen, aus dem Sinn». Nicht aus Undankbarkeit oder gar Herzlosigkeit. Nein, ein echtes WASSERMANN-Katzenkind haßt lediglich sentimentale Abschiedsszenen und hat es nun mal nicht mit Familientradition. Zudem vibriert das Bündelchen Fell in Ihrem Arm förmlich vor Spannung auf das abenteuerliche Leben, das es nun erwartet. Von Uranus beherrschte Geschöpfe sind so leicht zu verpflanzen wie Löwenzahn. Sie schlagen überall sofort Wurzeln, die aber nie so tief und verzweigt sind, um nicht locker wieder herausgezogen werden zu können.

Selbstredend wird Ihr Winzling im neuen Heim keine Minute fremdeln, sondern sich so aufführen, als sei er schon immer hier zu Hause gewesen. Völlig ungezwungen wird er die neue Umgebung inspizieren und erwartungsvoll der Dinge harren, die da kommen. Wobei der von Ihnen geplante Programmablauf mit großer Wahrscheinlichkeit nicht eingehalten wird. Vielleicht hatten Sie sich vorgenommen, Ihren Familienzuwachs erst einmal ausgiebig zu herzen und zu drücken. Ihm dann ein leckeres Futter zu servieren und anschließend Ihr wohlverdientes Mittagsschläfchen zu halten, in der naiven Annahme, daß der kleine WASSERMANN nach all der Aufregung auch zu ruhen wünsche. Wünscht er mit Sicherheit nicht. Das mit dem Herzen und Drükken mag ja noch angehen. Ob es ihn nach einem Imbiß gelüstet, läßt sich nicht vorhersagen. Aber zu schlafen, jetzt, wo ein neues Leben beginnt? Eine Zumutung!

Am besten, Sie nehmen von Anfang an die Tatsache als gegeben, daß pelzige WASSERMÄNNER grundsätzlich zu tun belieben, was ihnen paßt. Und sich um nichts in der Welt in die Schablone eines geregelten Tagesablaufs pressen lassen. «Leben und leben lassen», lautet die Devise dieser freiheitsliebenden Geschöpfe. Spielen Sie sich also nicht als Tyrann auf in Sachen Zeiteinteilung oder Erziehung. Und bitte auch nicht als Ordnungsfanatiker. WASSERMANN-Katzenkinder beiderlei Geschlechts schätzen es nicht, wenn ständig der Staubsauger heult und großangelegte Aufräumaktionen zur Tagesordnung gehören. Besser, Sie verplanen einen Großteil der Zeit, die Sie bislang mit mehr oder weniger sinnvollen Aktivitäten in Haus und Garten verbracht haben, um gemeinsam mit Ihrem neuen Hausgenossen etwas zu unternehmen.

Wenn Sie sich aber unbedingt nützlich betätigen müssen, dann schauen Sie sich mal kritisch in Ihren Räumlichkeiten um. Wäre es nicht an der Zeit, den Wänden einen neuen Anstrich zu gönnen? Oder wollten Sie nicht längst diverse Möbel umstellen? Begeistert beobachtet Ihr Kätzchen das Überstreichen der Tapeten in seinen Lieblingsfarben Violett, Bernstein oder Dunkelblau. Emsig agiert es beim Umräumen und läßt mit kühnem Satz die kostbare Jugendstilvase in tausend Scherben zerspringen, um Ihnen so Hilfestellung zu leisten in Sachen guter Geschmack.

Die Hilfsbereitschaft von WASSERMÄNNERN ist übrigens schon fast legendär. Und der Wissensdurst Ihres Uranus-Schützlings ist schier unermeßlich. Wobei das Interesse dieser Wesen in erster Linie von jeder Art Technik gefesselt wird. Lassen Sie ihn gewähren, wenn er sich an den Schaltern der Waschmaschine versucht oder rhythmische Klänge auf der elektrischen Heimorgel ertönen läßt. Fördern Sie, statt zu meckern, lieber seine Lernbegierde und Kreativität. Ob WASSERMANN-Katzenmädchen oder -jungen – mit technischem Spielzeug können sie sich stundenlang begeistert beschäftigen. Schleppen Sie Elektroautos, Transistorradios, ferngesteuerte Metallmäuse oder -hunde an. Oder fragen Sie im Freundes- und Bekanntenkreis nach nicht mehr brauchbaren Eierkochern, Toastern, Plattenspielern.

Auch wenn Sie auf – fast – alle Wünsche Ihres Herzenstieres eingehen, kann es passieren, daß es sich urplötzlich ohne ersichtlichen Grund jämmerlich maunzend in eine Ecke zurückzieht. Kein Grund zur Panik! Die Stimmungen Ihres pelzigen Uraniers können gelegentlich ebenso schnell wechseln wie das Aprilwetter. Doch ziehen die düsteren Wolken für gewöhnlich genauso rasch ab, wie sie sich zusammenbrauen. Sollte sich die Kummerpause mal unerwartet länger als ein halbes Stündchen ausdehnen, wäre es nicht falsch, wenn Sie ein wenig beim Wolkenwegpusten mithelfen. Aber bloß nicht mit triefenden Trostesworten oder endlosem Geschmuse, sondern mit ansteckender Heiterkeit. Schlagen Sie drei Purzelbäume rückwärts, malen Sie sich Ohren und Nase violett an oder lachen Sie schallend. Im Nu ist der Himmel wieder strahlend blau und das Kindheitsglück Ihres Katzenkindes eitel Freude und Sonnenschein.

Wie Sie das Herz einer Wassermann-Katze erobern

Im Zeichen des WASSERMANNS geborene Katzen sind alles andere als Kontaktmuffel. Locker freunden sie sich mit Zweibeinern verschiedenster Kategorien an und pfeifen dabei auf jeglichen gesellschaftlichen Status. WASSERMANN-Kätzinnen und -Kater reiben ihr Köpfchen am glückbringenden Schornsteinfeger, gehen der Haushalthilfe geschickt bei der Reinigung technischer Geräte zur Hand und legen aufmerksam der Gattin Ihres Chefs einen vom Mund abgesparten Mäuseschenkel auf den Schoß. Ebenso kontaktfreudig zeigen sich von Uranus beherrschte Luft-Kreaturen anderen Katzen gegenüber. Tiere dieses Sternzeichens von ihren Artgenossen isoliert zu halten, käme einem unsühnbaren Verbrechen gleich. Falls Sie in der glücklichen Lage sind, Ihre Zelte am Stadtrand oder in wenig befahrenen Regionen aufgeschlagen zu haben, genügt an und für sich ein allzeit begehbares Katzentürchen, damit Ihr Liebling seinen geselligen Gelüsten nachkommen kann. Wobei Sie darauf vorbereitet sein sollten, daß Ihre Katze auch vierbeinige Gäste anschleppt. Seien Sie bitte nicht kleinlich, wenn der fröhliche Kreis tierischer Besucher zierliche Fußabdrücke auf Ihrem dotterfarbenen Teppichboden oder Ihren hellen Sofabezügen hinterläßt. Irgendwann wird schließlich ohnehin fast jeder einigermaßen lebensfrohe Mitteleuropäer mit der Tatsache konfrontiert, daß melierte Bodenbeläge und Kissenbezüge das Leben wesentlich vereinfachen. Außerdem ist Ihr pelziger WASSERMANN nicht penibel und auch absolut kein Ordnungsfanatiker. Lassen Sie fünf grade sein, falls die ausgelassene Bande mal über Tische und Bänke tobt. Schließlich kommt solch körperliche Aktivität Ihrem ansonsten nicht sehr sportlich begeisterten Liebling auch zugute. Und stellen Sie für die Halbzeit frisches Wasser nebst wohlgefüllten Näpfen bereit. Bewegung macht hungrig, wie man weiß.

Falls Sie aus Gründen der Verkehrsdichte oder wegen anderer Widrigkeiten Ihrer Katze keinen freien Auslauf gewähren können, empfiehlt es sich, in der Nachbarschaft nach netten Kontakten herumzuhorchen. Eine Anzeige in der örtlichen Presse dürfte Sie auf jeden Fall aller Probleme bezüglich der Kontaktfreudigkeit Ihres Herzenstieres entledigen. Etwa in dem Tenor: «Suche aufgeweckte, unkonventionelle Katzen zwecks nicht zu seltener Besuche oder Einladungen bei einer WASSERMANN-Katze.» Da ein solches Inserat eventuell mißverstanden werden könnte, sollte es unter Chiffre aufgegeben werden.

Manchmal ist es zugegebenermaßen nicht ganz einfach, mit Lebewesen unter einem Dach zu hausen, die ständig voller Überraschungen stecken. Hat sich eine echte WASSERMANN-Katze heute vielleicht noch schnurrend an Ihren Kaffeekränzchen-Schwestern gerieben oder begeistert Ihren Skatbrüdern zugeschaut, zeigt sie nächste Woche möglicherweise der gleichen Runde die hübsche Kehrseite oder stört höchst einfallsreich die Beschaulichkeit. Freut sie sich Montag noch über ein warmes Plätzchen in Ihrem Bett, besteht sie Dienstag vielleicht darauf, in der Waschmaschinentrommel zu nächtigen. Seien Sie flexibel! Wechseln Sie gelegentlich den Kreis Ihrer Krümelmonster- oder Skatrunde. Wenn Sie ehrlich sind, hängen Ihnen die immer gleichen Gesichter doch sowieso längst zum Hals heraus. Legen Sie ein Kissen in die Wäschetrommel. Rücken Sie den Katzenbaum mal hierhin und das Körbchen mal dorthin. Oder ziehen Sie einfach in regelmäßigem Turnus um, womit der Wunsch nach Überraschung und Abwechslung bei Ihrer Katze von selbst befriedigt wird. Unter dem Planeten Uranus erblicken nun mal Rebellen das Licht der Welt, die alles Eingefahrene kurzerhand über Bord werfen.

WASSERMANN-Katzen beiderlei Geschlechts verfügen über die Gabe mystischer Intuition. Ignorieren Sie bitte niemals von Ihrem Tier vorgebrachte Warnsignale. Falls Ihr von Vorahnungen erfüllter Hausgenosse mit unmelodischen Geräuschen und streng auf das Sofa gerichteter Pfote protestiert, weil Sie ohne ihn ausgehen wollen, warten wahrscheinlich schon die Einbrecher um die Ecke. Und wenn Ihr Liebling bei irgendwelchen angeblich harmlosen oder wohlwollenden Besuchern mit angelegten Öhrchen die Zähne fletscht, dürfen Sie sicher sein, daß Ihnen ein Wolf im Schafspelz gegenübersteht. Nehmen Sie solche Warnsignale sehr ernst. Es könnte sonst Ihr Schaden sein und Ihrem Tier einen Kreislaufkollaps einbringen.

Typische WASSERMANN-Katzen sind beschwingte und aufgeschlossene Wesen, die sich in keine Schablone pressen lassen. Sie erfreuen sich an fast allem, was nicht nach muffigem Alltagstrott riecht oder mit Spinnweben jahrhundertealter Traditionen umwoben ist. Und sie lieben klare Verhältnisse. Lassen Sie ruhig die Untertassen fliegen, wenn der Haussegen schiefhängt. Ihre Katze wird sich nicht verängstigt ins Gästeklo zurückziehen, sondern das ganz normal finden, mit den Scherben spielen und bei der anschließenden Versöhnung zufrieden schnurrend kundtun, daß Sie in Ordnung sind. Und das Herz Ihres pelzigen WASSERMANNS Ihnen gehört. Oder richtiger gesagt: auch Ihnen. Seien Sie nicht eifersüchtig – denn das offene Herz einer Uranus-Katze hat viele Plätze frei. Aber Sie sitzen als weltoffene Katzeneltern in der Loge.

Die Wassermann-Katze in Gesellschaft

Für Katzen dieses Sternzeichens bedarf es keines besonderen Anlasses, um zu feiern. Im Gegenteil: Spontane Geselligkeiten sind ihnen die liebsten. Ein Grund zum Feiern findet sich immer: weil die Sonne so schön scheint, der erste Schnee gefallen ist oder der hoffnungsvolle Junior statt der erwarteten Sechs in Mathe eine Fünf geschrieben hat.

Sie brauchen übrigens nicht jedes Mal gleich Ihren ganzen Freundes- und Bekanntenkreis anrollen zu lassen. Von Uranus beherrschte Katzendamen und -herren haben zwar nichts gegen größere Menschenansammlungen, amüsieren sich in kleiner Runde aber mindestens genausogut.

Gehören Sie mehr zu jener Gattung Mensch, die bestenfalls

einmal im Jahr eine Einladung startet und Ausgehen für reine Geld- und Zeitverschwendung hält? Macht nichts, dann können Sie jetzt einiges nachholen, um das Wohlbefinden Ihres unternehmungslustigen Vierbeiners zu steigern.

Größere Vorbereitungen zur Verköstigung der Gäste sind ebenso unnötig wie tagelanges Kopfzerbrechen über der Einladungsliste. Ein paar Kästen Bier, Cola, Käse- oder Schmalzbrote auf dem Tisch reichen auch. Gute Stimmung läßt sich ohnehin nicht nur durch hausfrauliche Qualitäten zaubern. Eher schon durch die Anzahl der Geladenen. An und für sich kommt Ihr Tier mit jedem klar. Falls Sie aber die Szene in erster Linie mit faden oder unausstehlichen Geschöpfen bevölkern, kann es rebellisch werden. Eine echte WASSERMANN-Katze will zwar jede Scheußlichkeit einmal kennenlernen, damit aber nicht gerade bei geselliger Lustbarkeit konfrontiert werden. Auch zeigt sich ein Wesen dieses Tierkreiszeichens kaum beeindruckt von irgendwelchen Statussymbolen. Scharen Sie ein lustiges und unkonventionelles Völkchen um sich, dann liegen Sie goldrichtig.

Ihre Katze will nicht unbedingt mit Ihnen prahlen, möchte aber doch ein wenig stolz auf Sie sein. Wenn Sie also vielleicht schon kein brillanter Unterhalter sind, kleiden Sie sich wenigstens nicht langweilig. Und vergessen Sie auch das Aussehen Ihres Tieres nicht. Zaubern Sie ihm mit der Sprühdose ein lila gestreiftes Pelzkleid (läßt sich mühelos wieder ausbürsten), flechten Sie ihm Zöpfchen, falls Ihr WASSERMANN die Haare lang trägt. Uranische Katzen wollen zwar nicht im Mittelpunkt stehen, lieben es aber, durch Extravaganz aufzufallen.

Versuchen Sie, soweit es in Ihrer Macht steht, die Gespräche Ihrer Gäste auf Touren zu bringen. Lebhaften Diskussionen lauscht Ihr Stubentiger verzückt, erregtes Stimmengewirr liebt er.

Wenn eine Wassermann-Katze ihr Herz verliert

Es ist nicht so, daß von Uranus beherrschte Kätzinnen oder Kater den Freuden des Liebesspiels abgeneigt wären. Nur stürzen sie sich nicht planlos in jedes Liebesabenteuer, um dann zusammen mit mißgünstigen Freiern oder rolligen Flittchen erleben zu müssen, wie das ganze Getue in Eifersuchtsdramen ausartet. Eine WASSERMANN-Kätzin ist nicht prüde, und ihr männliches Pendant ist leiblichen Genüssen gleich welcher Art durchaus gewogen. Aber nicht um den Preis wüster Buhlereien um die Gunst der oder des Auserwählten. Wenn sich eine typische WASSERMANN-Katze Zeit läßt, dann auf jeden Fall in Sachen Partnerwahl. Mal ein nettes Techtelmechtel zwischendurch, warum nicht? Wenn sich's gerade anbietet wie eine Maus im Tiefschlaf. Aber für diese unternehmungslustigen Geschöpfe ist es bestimmt nicht das Wahre, sich die Leckerbissen auf dem Präsentierteller darbieten zu lassen. Von Uranus beherrschte Katzen beiderlei Geschlechts wollen erobern. Doch zu kämpfen lohnt sich nur, wenn Amors Pfeil sitzt. Und der trift bei bepelzten WASSERMÄNNERN erst mal meist daneben.

Wer bei Katzen dieses Tierkreiszeichens das Rennen machen will, muß schon etwas mehr zu bieten haben als ein attraktives Aussehen. Eine typische WASSERMANN-Kätzin zeigt jedem Galan die kalte Schulter, der nichts anderes im Sinn hat, als mit balzendem Imponiergehabe schnellstens zur Sache zu kommen. Wer das Herz dieser eigenwilligen Schönen erobern will, sollte sich etwas einfallen lassen. Eine Einladung zum gemeinsamen Mäuseessen im Mondschein vielleicht oder eine aufregende Diebsjagd auf die wohlgefüllten Einkaufstüten vorbeieilender Hausfrauen. Die Braut oder der Bräutigam dieser unternehmungslustigen Tiere muß auch Kumpel sein und noch anderes als sulzige Mondscheinserenaden und schmachtendes Bettgeflüster im Kopf haben.

Da Ende Januar bis Ende Februar geborene Pelztiere meist außergewöhnlich anziehende Geschöpfe sind, dürfen Sie sich als

Besitzer einer Uranus-Katze auf ein munteres Leben und Treiben vor Ihrer Haustür oder unter dem Schlafzimmerfenster freuen. Rennen Ihnen rollige Kätzinnen und verliebte Kater der näheren und weiteren Umgebung doch förmlich die Bude ein. Unter die verliebten Weibchen und entflammten Verehrer mischen sich dann noch jene Wesen, deren Liebe erhört wurde und die meinen, nun Besitzansprüche anmelden zu können. Also nicht die Toleranz für eine freie und ungebundene Beziehung aufbringen wie Ihr Liebling, sondern ebenso hartnäckig wie lautstark auf ihre vermeintlichen Rechte pochen.

Sie können dank diverser Watteprodukte aus der Apotheke Ihre Nachtruhe retten. Was aber wird aus Ihrem schlaflosen Tier? Am besten, Sie ziehen sich und Ihre Katze durch einen gemeinsamen Besuch beim Tierarzt aus der Affäre. Ihr Liebling wird solchen aufregenden Nächten gewiß keine Träne nachweinen und sich dank hormoneller Behandlung freudig ebenso interessanten, aber weniger anstrengenden Aktivitäten als denen der Liebeslust zuwenden.

Die Wassermann-Katze in Sachen Gesundheit und Reisen

Wenn Ihre WASSERMANN-Katze von einem Leiden heimgesucht wird, lassen Sie sich am besten auch gleich krankschreiben oder beurlauben. Sagen Sie alle Termine ab und verschieben Sie sie auf die Zeit nach der Genesung Ihrer Katze. Streichen Sie auch den dringend nötigen Friseurbesuch aus dem Kalender, denn Sie werden alle Hände voll zu tun haben mit der Pflege Ihres unleidlichen, rebellischen Patienten. Nicht, daß Ihr krankes Herzchen sich nicht allein beschäftigen könnte. Und ob es das kann! Die Frage ist nur, ob es das darf. Bei WASSERMANN-Geborenen sind die häufigsten Erkrankungen nämlich nur mit absoluter Ruhe, wenn auch nicht unbedingt Körbchenruhe, zu beheben. Und genau da liegt der Has im Pfeffer. Tagelanges Stilliegen bei heruntergelassenen Jalousien und vielleicht auch noch Einzelhaft (also nur Sie und engste Familienmitglieder um sie herum), bedeuten für eine WASSERMANN-Katze eine schier unerträgliche Marter. Aber wie anders als mit den beschriebenen Maßnahmen lassen sich migräneartige Kopfschmerzen oder nervöse Herzrhythmusstörungen kurieren? Auch Herzschwächen kann man in akutem Zustand nun mal nur ohne Aufregung und Hektik beikommen. Daß gebrochene Katzenbeinchen zumindest kurzfristig nicht strapaziert werden dürfen, versteht sich von selbst. Nicht zu vergessen die WASSERMANN-typischen Halsentzündungen, die gut mit gleichmäßiger Wärme und regelmäßigen Kartoffelwickeln zu heilen sind.

Sie fragen sich, wieso Tabletten, Zäpfchen, Säfte und natürlich Spritzen bis jetzt als Therapie unerwähnt blieben? Ganz einfach. Eine Spritze kann man Ihrem Tier durchaus verpassen. Vorausgesetzt, der Tierarzt verfügt über die Fähigkeit eines Dompteurs oder entsprechend geschultes Personal. Besser wäre es, von vornherein einen Tierheilpraktiker aufzusuchen. Ihr kranker Liebling läßt sich nämlich eher akupunktieren als mit irgendwelcher bunten Chemie – sprich Tabletten – vollstopfen.

Um in seinem Interesse – und wahrscheinlich auch in Ihrem eigenen – eine baldige Genesung herbeizuführen, gibt es nur eins: *hart* durchgreifen. Zerstampfen Sie Tabletten mit dem Mörser, und mischen Sie das so gewonnene Pülverchen unter original russischen Kaviar oder kanadische Lachshäppchen. Zäpfchen verabreichen Sie am besten im Teamwork. Einer startet lautstark den neusten futuristischen Video, während der andere bei dem faszinierten Patienten mit dem Zäpfchen zustößt. Und das Problem mit der Ruhe: Lassen Sie fünf Minuten Utopia-Videos laufen, und überspielen Sie den Rest mit Grimms Märchen. Wahrscheinlich harrt Ihr Tier in tiefem Vertrauen zu Ihnen der Dinge, die da kommen, und schläft schließlich völlig ermattet ein.

Wesentlich leichteres Spiel haben Sie, falls Ihnen die glorreiche Idee kommt, eine Reise zu tun. Ist doch Ihrer WASSERMANN-

Katze das Fernweh schon in die kosmische Wiege gelegt. Ob Sie ein verlängertes Wochenende für eine Spritztour in die nähere Umgebung nutzen wollen oder Ihnen der Sinn nach fremden Kontinenten steht: Ihr Tier ist mit Feuereifer dabei. Vorausgesetzt, Sie spielen nicht den Pauschalurlauber mit festem Freizeitarrangement. Wer unter dem Regiment des Planeten Uranus das Licht der Welt erblickte, steht kaum auf vorprogrammierte Ferientage oder durchorganisierten Massentourismus. Bleiben oder werden Sie Individualist. Und planen Sie Ihre Reiseroute mit allem Drum und Dran wie Unterkunft und Verpflegung in eigener Regie. Sie brauchen keinen Reiseführer, wenn Sie mit einer WASSERMANN-Katze unterwegs sind. Was interessant und erlebenswert ist, das hat Ihr Pelztier in dem seinem Sternzeichen eigenen Unterbewußtsein gespeichert. Reisen Sie irgendwo hin. Selbst in der scheinbar tristesten Einöde heißer Wüsten wird Ihr uranisches Wasserwesen nicht nur Wasser und Oasen, sondern auch noch echte Sehenswürdigkeiten ausmachen. Zeitgemäß motorisiert sollten Sie aber unbedingt sein. Wohin die Reise auch geht – WASSERMANN-Katzen schätzen keine vorsintflutlichen Fortbewegungsmittel.

Fisch

20. Februar bis 20. März

Herrschender Planet: Neptun
Element: Wasser
Temperament: melancholisch
Glücksstein: Koralle

Vorherrschende Eigenschaften bei Menschen

Positiv: hilfsbereit, romantisch, phantasievoll, zärtlich, tolerant, gefühlvoll, großzügig

Negativ: ängstlich, willensschwach, unordentlich, labil, hilfsbedürfig, sorgenvoll

So erkennen Sie eine Fische-Katze

Haben Sie schon einmal eine volltrunkene Katze bei einem Grillfest erlebt? Nein? Ich schon. Melanie ist inzwischen immerhin «trocken», aber ihre Besitzer halten Hochgeistiges streng unter Verschluß. Melanie erblickte im Zeichen des FISCHES das Licht der Welt.

Bitte denken Sie jetzt nicht, daß von Neptun beherrschte Katzen vornehmlich an ihrem angesäuselten Zustand zu erkennen sind. Dem ist absolut nicht so. Schließlich gibt es auch Tiere anderer Sternzeichen, die sich gerne mal einen genehmigen. Nur pflegt es dann gewöhnlich bei einem Schälchen zu bleiben. Wohingegen FISCHE-Katzen, gemäß ihrem flüssigen Element, ohne zu zögern einem zweiten, dritten oder gar vierten zusprechen. Möglicherweise hängt diese Vorliebe damit zusammen, daß sich FISCHE gern in irrealen Welten bewegen. Ein Geschöpf, das in Tagträume versunken stundenlang reglos wie ein steinerner Buddha auf dem Gartenpfosten ausharrt, wurde höchstwahrscheinlich zwischen dem 20. Februar und 20. März geboren. Sie können ruhig mit einer Tüte frischer Sprotten an dieser pelzigen Statue vorbeigehen oder direkt davor vom Kassettenrecorder die Explosion von Feuerwerkskörpern oder das Bellen einer blutrünstigen Hundemeute abspulen. Auf welchem Trip sich dieser Neptunier auch gerade befinden mag – nichts kann ihn aus seiner Scheinwelt reißen. Oder besser gesagt, fast nichts. Denn wenn Sie ein Kettchen nehmen und es wie ein professioneller Pendler vor Ihrem geistesabwesenden Gegenüber hin und her schwingen lassen, erwacht dieses Tier auf der Stelle zu neuem Leben. Dann werden aus Buddha-Kätzinnen oder -Katern aufgeweckte, hochinteressierte Wesen, die Sie, trotz leicht verschwommener Augen, höchst aufmerksam mustern. Also ganz klar: eine FISCHE-Katze.

Dieses astrologische Zeichen ist nicht nur esoterisch angehaucht, sondern laut kosmischem Stammbaum das esoterischste Wesen des Tierkreises überhaupt. Sollten Sie je zu Hause

Fische

Tarot-Karten legen, wird sich Ihr Neptun-Geschöpf sofort zu Ihnen gesellen – das Abergläubische Ihres Treibens wohl erahnend und gutheißend. Falls Sie mit Kartenlegen oder Pendeln nichts im Sinn haben, schauen Sie sich Ihre Katze doch einfach genauer an. Ein graziler, fast ätherisch anmutender Gang gibt schon recht deutliche Hinweise auf überirdisch einzuordnende Herkunft. Und die Augen: Nicht kristallklar wie ein unberührter Bergsee, nicht stumpf und auch nicht glänzend. Einfach unbeschreiblich schön und unendlich geheimnisvoll. Es lohnt sich, einen zweiten Blick in diese Seelenlichter zu tun. Bei näherem Hinschauen blicken Sie nicht nur in verträumte und mystisch erweiterte Pupillen, sondern finden in diesen seltsamen Katzenaugen vielleicht sogar Ihre eigenen geheimsten Wünsche und Träume widerspiegelt.

Wie ein Fische-Katzenkind aufwachsen möchte

Da sich unter der Regentschaft des Planeten Neptun geborene Wesen jeder Lebenslage problemlos anpassen können und sich überall gleich zu Hause fühlen, wird Ihr Katzenkind gewiß nicht jämmerlich seinem Elternhaus nachmaunzen. Nein, kaum über die Schwelle des neuen Heims getragen, wird es damit beginnen, emsig die fremde Umgebung zu erkunden. Es ist gut denkbar, daß dabei der erste Weg in die Küche führt. Nicht weil Ihr niedliches Fellknäuel ausgesprochen gefräßig wäre. Aber mit knurrendem Magen sieht für einen echten FISCH die Welt nun mal düster aus – und bei Katzen dieses Sternzeichens pflegt der Magen häufig zu knurren.

Füllen Sie also das Näpfchen randvoll. Bei FISCHEN zählt nicht so sehr die Qualität, sondern mehr die Quantität. Geben Sie ruhig nochmals einen Schlag nach, wenn flehende Augen nach wie vor Heißhunger signalisieren. Trotz meist zartgliedriger Statur neigen viele dieser Kreaturen dazu, im Laufe der Zeit etwas rundlich, um nicht zu sagen korpulent zu werden. Gewöhnen Sie Ihr Herzblatt aber deswegen nicht an eine magere Futterkrippe, es würde ohnehin wenig nützen. Diese Geschöpfe sind äußerst phantasievoll und von geradezu genialem Erfindergeist, wenn es darum geht, zusätzliche Nahrungsquellen aufzustöbern. Zudem würde es das Kindheitsglück Ihres FISCHE-Kätzchens erheblich beeinträchtigen, wenn es bei kärglichen Mahlzeiten vor sich hin darben müßte. Auch das Trinknäpfchen sollte immer schön gefüllt sein. Gemäß ihrem wäßrigen Element plagt FISCHE so etwas wie ein Urdurst, der nur mit für Katzen sonst untypischen Flüssigkeitsmengen zu stillen ist.

Es versteht sich von selbst, daß entsprechend diesen Eß- und Trinkgewohnheiten häufiger als bei anderen Artgenossen das stille Örtchen frequentiert werden muß. Stellen Sie also am besten nicht nur *ein* Katzenklo auf, sondern gleich zwei oder drei. Dann brauchen Sie nicht jede Stunde zu putzen und verringern damit auch die Gefahr, daß Ihr häufig in Tagträumen versunkenes Tier – weil zu weit von seiner Toilette entfernt – Teppiche und Blumentöpfe zweckentfremdet. Sollte ein derartiges Malheur doch hin und wieder passieren, poltern Sie bitte nicht mit erhobener Stimme herum. Mit Strenge und Gebrüll können Sie Ihr Kätzchen nicht erziehen, sondern höchstens nachhaltig verstören. FISCHE-Katzenkinder sind hochsensibel und nehmen sich einen scharfen Verweis über Gebühr zu Herzen. Erklären Sie Ihrem Winzling mit sanfter Stimme, warum er dies, das oder jenes unterlassen soll. Zwar dauert es so etwas länger, bis er begriffen hat, daß kostbare Brücken, Polstermöbel oder Tapeten für seine kleinen Krallen tabu sind, aber es lohnt sich. Üben Sie sich in Geduld, und richten Sie es so ein, daß Sie zumindest in den frühesten Kindheitswochen Ihres Schützlings recht viel Zeit für ihn haben. Er legt ohnehin keinen gesteigerten Wert auf eine allzeit penibel aufgeräumte Wohnung.

Gönnen Sie Staubsauger, Rasenmäher und Kehrbesen also eine Pause und sich selbst amüsante Zerstreuung mit Ihrem Kätzchen. Lassen Sie Schiffchen, Plastikmäuse und -fische in Ihrer Badewanne schwimmen, schauen Sie sich zusammen mit ihm Fernsehfilme an, die von Feen, Geistern oder Fabelwesen handeln. Oder unternehmen Sie einen Ausflug in die Natur, um zwischen duftenden Gräsern und Butterblumen mit Ihrem unablässig nach Zärtlichkeit hungernden Pelztier zu schmusen. Natürlich nicht ohne Picknickkorb, dessen Inhalt aus mehreren Wasser- oder Milchflaschen, leckeren Katzenhäppchen und Futtergeschirr besteht.

Obgleich kleine FISCHE sich eher scheu und zurückhaltend präsentieren, lechzen sie förmlich nach Kontakt zu ihren Artgenossen. Richten Sie es so ein, daß Ihr Liebling so oft wie möglich Besuch bekommt. Wobei nicht nur Katzenkinder, sondern auch Hundewelpen willkommen sind. Ein zweites Tier aber sollten Sie sich nicht ins Haus holen. FISCHE-Katzen sind zwar keine geborenen Einzelkinder, mögen es aber nicht, Ihre Liebe plötzlich teilen zu müssen und sich gegen ein tierisches Adoptiv-Geschwisterchen zu behaupten. Sollte sich zweibeiniger Nachwuchs bei Ihnen einstellen, gibt es keine Probleme. Im Gegenteil: Gerade neptunische Katzenkinder sind überglücklich, wenn sie gemeinsam mit Menschenkindern aufwachsen. Denn auch zweibeinige Knirpse reisen gerne in irreale Traumwelten, verwandeln sich in Märchenprinzessinnen oder -prinzen. Und haben das Schönste, was es für einen kleinen FISCH gibt: jede Menge Zeit. Die auch Sie haben können, wenn Sie nur ein wenig von dem sorglosen Naturell Ihres Wasserwesens annehmen und statt dem schnöden Mammon oder Staubflocken hinterherzujagen lieber mit Ihrem Katzenkind im Arm müßig vor sich hinträumen.

Wie Sie das Herz einer Fische-Katze erobern

Ausgewachsene FISCHE-Kätzinnen und -Kater entpuppen sich als äußerst freiheitsliebende und unkonventionelle Kreaturen, die sich sozusagen frei wie ein Fisch im Wasser bewegen möchten und unbeschwert durchs Leben gehen. Versuchen Sie bitte nicht, Ihren Hausgenossen in irgendein festes Schema pressen zu wollen. Wozu beispielsweise eingefahrene Lebensgewohnheiten wie immer zur gleichen Zeit aufstehen oder ins Bett gehen gehören. Oder stets pünktlich servierte Mahlzeiten, ob's nun jemand nach Nahrungszufuhr gelüstet oder nicht. Leben Sie selbst ruhig in Ihrem festgefahrenen Trott weiter. Aber verschonen Sie Ihre Katze damit. Füllen Sie das Futternäpfchen erst, wenn ihr Hungermiauen ertönt. Und stellen Sie um Mitternacht nicht das Fernsehen ab, wenn Ihr Hausgenosse zur Geisterstunde noch hell wach ist. Kurz gesagt: Üben Sie Toleranz. Ihre Katze tut das ja auch. Überhört langmütig Ihren täglich um sechs Uhr rasselnden Wecker und faucht Sie nicht wütend an, weil Sie nun schon zum vierten Mal in der Woche den Staubsauger heulen lassen.

Die Hilfsbereitschaft neptunischer Katzen ist schon fast legendär, ebenso ihre unendliche Gutmütigkeit und Opferbereitschaft. So mancher FISCHE-Katzenbesitzer mag sich ab und zu seufzend gewünscht haben, daß sein Tier ein etwas weniger soziales Verhalten und dafür mehr Egoismus zutage legte. Weder ein sonderlich frommer noch erfüllbarer Wunsch. Ihre Seele von einer Katze würde die letzte Gräte mit armen und hilfsbedürftigen Wesen teilen. Seien Sie Ihrem Liebling nicht gram, und zeigen Sie sich nicht etwa kleinlich, wenn er ausgemergelte oder kranke Tiere anschleppt, die es mit kräftigen, frischen Mahlzeiten aufzupäppeln oder medizinisch zu versorgen gilt. Sorgen Sie dafür, daß immer reichliche Futtervorräte in Ihrer Vorratskammer lagern. Üben Sie sich in der Fertigkeit, verletzte Pfoten zu verbinden und brandige Wunden zu behandeln. Knallen Sie dem hungrigen Haustier nicht die Tür vor der Nase zu, und geben Sie dem Scherenschleifer alles, was es irgendwie zu schleifen gilt. Auch wenn sein Stundenlohn möglicherweise ebenso teuer kommt wie die Anschaffung neuer Gerätschaften. Bewundernd und voller Stolz wird Ihre FISCHE-Katze zu Ihnen aufschauen und sich mit seinen barmherzigen und opferbereiten Katzeneltern glücklich fühlen.

Sollten Sie selbst einmal des Trostes bedürfen, so wenden Sie sich an Ihr einfühlsames Tier. Geduldig lauscht es den Schilderungen Ihres Seelenleides, bemüht, Sie durch zärtliche Gesten zu trösten. Falls Sie aber zu jener zänkischen Spezies Mensch gehören, die sich über alles und jeden aufregen, *müssen* Sie sich ändern. Egal, wie Sie das anstellen. Ihr friedliebender Neptunier erträgt keine Disharmonien, sie machen ihn krank. Reißen Sie sich also zusammen, wenn Ihnen wieder einmal wegen irgendwelcher Kinkerlitzchen der Kragen zu platzen droht. Verlegen Sie Ihre Wutausbrüche an den Arbeitsplatz oder keifen Sie Ihren Friseur an. Hauptsache, Ihr sensibles Herzenstier wird nicht Zeuge Ihrer unbeherrschten Ausbrüche.

Damit sich Ende Februar und im März geborene Katzen wohl fühlen, brauchen Sie kein Krösus zu sein. Ganz gleich, welchen sozialen Status Sie vorzuweisen haben, Ihrem Tier ist es recht. FISCHE-Katzen brauchen keinen Luxus, um glücklich zu sein. Es genügt, wenn das nötige Kleingeld für die einfachen Freuden des Lebens im Geldbeutel klingelt. Beispielsweise für leise Musik in einer romantischen Vollmondnacht oder für einen Ausflug an einsame Gewässer, wo Sie Steinchen über das Wasser springen lassend wieder zum Kind werden. Entzückt ob Ihres sorglosen Treibens wird Ihre Katze das Köpfchen an Ihnen reiben.

Auch Geschenke messen diese Wasser-Wesen nicht am materiellen Wert. Liebevoll ausgewählte Kleinigkeiten können einen Freudentaumel auslösen. Spürt Ihr Liebling doch, wie herzensgut Sie es mit ihm meinen. Gefragt sind alle Mitbringsel, die das Meer hervorzaubert: Perlen, Muscheln oder getrocknete Algen. Auch eine Kassette mit Meeresrauschen oder ein Poster mit dem ebenso kitschigen wie stimmungsvollen Sonnenuntergang am Wasser. Und natürlich ein fröhlicher Frühlingsstrauß, überhaupt Blumen. Sind doch FISCHE-Katzen im wahrsten Sinne des Wortes so etwas wie die Blumenkinder des Tierkreises. Falls Sie doch mal tiefer in die Tasche greifen wollen, überraschen Sie Ihren Liebling mit einem Aquarium oder einem mit Korallen besetzten Halsband. Fasziniert wird Ihr FISCH das wendige Treiben seiner schillernden Namensvettern beobachten und dabei in mystische Träume versinken, wie sie nur unter der Regentschaft des Meeresgottes Neptun geboren werden. Oder sich mit korallengeschmücktem Hals schnurrend auf Ihrem Schoß zusammenkuscheln und Sie ein seliges Katzenleben lang warm in seinem Herzen tragen.

Die Fische-Katze in Gesellschaft

Es gibt kaum einen geselligen Anlaß, bei dem sich neptunische Katzen nicht wohl fühlen wie der besagte Fisch im Wasser. Ausgenommen jene Zusammenkünfte, die offensichtlich nur einem Zweck dienen: sich endlich wieder einmal gründlich die Meinung zu sagen – also zu streiten. Verbannen Sie den Verlobten Ihrer Busenfreundin aus der Nähe Ihrer FISCHE-Katze, wenn Ihr Mann diesen Schwachkopf absolut nicht riechen kann. Und verabreden Sie sich mit Ihren Skatbrüdern zukünftig in einer Kneipe, falls der Abend beim Rekonstruieren hirnrissig verschenkter Stiche in regelmäßigem Turnus mit wüsten Beschimpfungen endet. So liebend gern Ihr Pelztier Besucher sieht, so verhaßt ist ihm jede Art von Disharmonie.

Obgleich man Ende Februar und im März geborene Katzen eher als scheu und distanziert bezeichnen kann, sind sie alles andere als eigenbrötlerische Einsiedler oder Gesellschaftsmuffel. Allerdings auch keine Salonlöwen. FISCHE-Katzen möchten nicht im Mittelpunkt stehen, sondern von einem sicheren Plätzchen aus der Dinge harren, die da kommen. Ist aber das Treiben der frohen Runde so recht nach seinem Geschmack, taut auch dieses zurückhaltende Wesen auf. Meist aber wird sich Ihre Katze eher im Hintergrund halten, sich deswegen aber nicht weniger amüsieren. Es entspricht nun mal mehr dem Naturell dieser Wasser-Kreatur, die Rolle des passiven Zuhörers und geübten Beobachters zu übernehmen, als vielleicht den Hanswurst zu spielen.

Ausgesprochen steife Festivitäten, bei denen das Geschehen

nach strenger Etikette abläuft, werden von diesem Hausgenossen kaum geschätzt. Auch interessiert es ihn nicht, ob sich der Herr Bürgermeister oder die Frau Direktor die Ehre geben. FISCHE-Katzenweibchen und -männchen sind alles andere als Snobs und vergnügen sich in weniger illustrer Runde weitaus besser. Geldgespräche sollten niemals Thema Nummer eins sein, denn für den Tanz ums Goldene Kalb hat Ihre Katze bestenfalls ein müdes Gähnen übrig. Bitten Sie eine fröhliche Schar bunt zusammengewürfelter Existenzen in die gute Stube, ohne Rücksicht auf Rang und Namen.

Auch bei den kulinarischen Darbietungen müssen Sie nicht dem Größenwahn verfallen, kein erlesenes Buffet vom besten Haus am Platz ordern oder selbst tagelang vor dem Fest in der Küche stehen. Eine Platte mit Fischhäppchen oder Tatar und dazu frisches Bauernbrot sind bei Ihren Festen angebrachter als echter Räucherlachs oder frische Scampis.

Nette Überraschungen ins Programm aufzunehmen, kann hingegen keinesfalls ein Fehler sein. Selbstverständlich möglichst solche, bei denen Ihr Tier vor Begeisterung seine angeborene Scheu vergißt und so richtig aus sich herausgehen kann. Animieren Sie Ihre Gäste zu Topfschlagen, Blindekuh- oder Versteckspielen, da wird es schnurrend mithalten. Am besten wären natürlich übersinnliche Zerstreuungen. Ganz gewiß kommt nicht nur Ihr okkultes Tier voll auf seine Kosten, wenn sich der harte Kern Ihrer Gesellschaft um Mitternacht zwecks spiritistischer Sitzung um den Eßzimmertisch versammelt. Beschwören Sie die Geister und lassen Sie kraft mystischer Gedanken die Lampen flackern (ein pfiffiger Elektriker kann Ihnen hier vorher dienliche Hinweise liefern). Oder pendeln Sie Ihren angesäuselten Besuchern bei Panflötenklängen und Kerzenschein alle Zukunftssorgen weg. Fasziniert wird Ihre FISCHE-Katze die übersinnlichen Geschehnisse verfolgen und völlig vergessen, sich an unbewachten geistigen Getränken gütlich zu tun, wie es sonst gern ihre Art ist – und am nächsten Morgen als Katze ohne Kater wohlig an diese schillernde Nacht zurückdenken.

Wenn eine Fische-Katze ihr Herz verliert

Liebe ist für neptunische Katzen beiderlei Geschlechts nicht nur Miauen. Haben sie einmal ihr Herz verloren, kennen sie keine Halbheiten und geben sich voller Leidenschaft dem Zauber ihrer Flitterwochen hin. Natur- und artgemäß mögen die manchmal nur einen Tag dauern, werden dafür aber gerade bei unter diesem Sternzeichen geborenen Wesen mit einer Intensität ausgekostet, zu der nur ebenso romantische wie erotische Tiere fähig sind.

Bis Amors Pfeil aber endlich getroffen hat und auch sitzt, kann schon ein geraumes Weilchen vergehen. Nicht weil ein Mangel an potentiellen Bewerbern oder Bewerberinnen herrscht. FISCHE-Kätzinnen und -Kater sind fast immer ausnehmend attraktive und anziehende Geschöpfe mit dem sogenannten «gewissen Etwas». Gerade ihre mädchenhafte Scheu oder die FISCHE-Katern eigene Zurückhaltung scheinen ihren Wert auf dem kätzischen Heiratsmarkt zu steigern. Verschlossen, wie solche Wesen sind, werden wir das wohl nie so ganz genau erfahren. Tatsache ist, daß eine rollige Kätzin dieses Tierkreiszeichens scharenweise von Freiern verfolgt und ein balzender Kater von den Schönsten aller Schönen umworben wird. Aber typische FISCHE-Katzen vertrauen nicht der Gunst der Stunde. Sie sind mit Selbstzweifeln behaftet und – was viel schwerer wiegt – nicht willens, Hals über Kopf eine Entscheidung zu treffen. Einem netten Flirt jedoch sind sie niemals abgeneigt, solange es bei diesem ebenso amüsanten wie unverbindlichen Zeitvertreib bleibt. Kätzische FISCHE-Damen nehmen hier die Sachlage wesentlich leichter als ihr männliches Pendant.

Ein von Neptun beherrschter Kater wird von quälendem Mißtrauen geplagt, ob es die Kätzin seiner Träume auch wirklich ernst meint. Er ist schwerlich bereit, sich in die Schar aggressiv um die Gunst eines Weibchens kämpfender Glücksritter einzureihen. Dieser Kater wartet geduldig seine Chance ab, die sich dann auch irgendwann bietet. Beispielsweise wenn heftige

Regenfälle sämtliche Konkurrenten der näheren und weiteren Umgebung an den heimischen Herd flüchten lassen und Ihr Galan, den Unbilden der Witterung trotzend, seiner Liebsten ebenso tropfnaß wie charmant seine Aufwartung macht. Sorgen Sie sich nicht über Gebühr, wenn Ihr Kater auf Freiersfüßen nicht nur eine, sondern mehrere Nächte aushäusig verbringt, er vergißt vor lauter Verliebtheit auch mal Zeit und Raum. Allerdings ist das eher eine Ausnahmesituation bei typischen FISCHE-Katern. Meist pflegen sie Ihnen die Kätzin ihres Herzens vorzustellen und auch die Hochzeitsnacht zu Hause oder in unmittelbarer Nähe ihres Wohnsitzes zu zelebrieren.

Ihre Katzendame macht es genau gleich. Hat sie das Liebesglück in Form eines ebenso zärtlichen wie oft namenlosen und jeglichen vorzeigbaren Stammbaums baren Bräutigams gefunden, verlangt es sie zwar nicht nach Ihrem Segen, wohl aber nach romantischer Atmosphäre. Absteigen wie Scheunen oder ein wolkenverhangenes Himmelsgewölbe mit möglichem Blitz und Donner können das kaum bieten. Lassen Sie das verliebte Pärchen ein und gedenken Sie Ihrer eigenen, hoffentlich nicht völlig in Vergessenheit geratenen Romanzen. Spendieren Sie leckere Häppchen und Schmusemusik. Denn diese oft allzu seltenen seligen Stunden sind ein sehr wesentlicher Bestandteil eines glücklichen FISCHE-Katzenlebens.

Die Fische-Katze in Sachen Gesundheit und Reisen

FISCHE-Katzen scheinen gelegentlich dem Trugschluß zu erliegen, ewiges Leben gepachtet zu haben. Sie schlendern ebenso traumverloren wie sorglos durch die Landschaft, ungeachtet drohender Gefahren, wie sie etwa von einem rüpelhaften katzenfeindlichen Hunderowdy oder von einem sich in rasantem Tempo nähernden Automobil herrühren mögen. Auch unregelmäßige Eßgewohnheiten können Leiden heraufbeschwören. Dies um so mehr, als Katzen dieses Tierkreiszeichens entweder viel zu wenig verspeisen oder sich hoffnungslos überfressen. Beides können Sie nur schwer in den Griff bekommen. Wenn Ihr Liebling keinen Hunger hat, ist er trotz all Ihrer Schläue kaum zur Nahrungsaufnahme zu überlisten. Ist er mit einem allzu üppigen Appetit gesegnet, können Sie ruhig den Brotkorb höher hängen. Ihr einfallsreiches Tier macht im Nu neue Nahrungsquellen ausfindig, wie beispielsweise die gutgefüllten Kochtöpfe allzu wohlmeinender Nachbarn.

Viele weibliche und männliche FISCHE halten es auch mit dem Spruch: Intelligenz säuft, Dummheit frißt. Sie müßten schon selbst Antialkoholiker sein und nicht das kleinste hochprozentige Tröpfchen im Hause haben, um zu verhindern, daß Ihr Liebling mal – oder sagen wir lieber des öfteren – zu tief ins Glas, den Rumtopf oder die herrliche Erdbeerbowle schaut. Und sich zudem mit Vorliebe und geradezu phantastischem Ideenreichtum Schnaps- und Likörpralinen oder Ostereier mit geistiger Füllung zugänglich macht.

Man muß sich also nicht wundern, daß sich von Neptun beherrschte Kätzinnen und Kater oft mit schweren Prellungen, Brüchen, Zerrungen, eingetretenen Glasscherben oder Bißwunden nach Hause schleppen. Auch der Magen- und Darmbereich erweist sich als Schwachstelle, zusammen mit häufig auftretenden Stoffwechselstörungen. Hinzu kommen Herz- und Kreislaufschwächen und eine hochprozentigen Genüssen kaum gewachsene Leber.

Da körperliche Beschwerden bei diesen sensiblen Geschöpfen häufig durch seelischen Kummer verursacht werden, sollten Sie wie ein Friedensengel schützend die Hand über Ihr FISCHE-Tier halten, ihm ein harmonisches Familienleben garantieren und alle nur möglichen Ärgernisse aus dem Weg räumen.

FISCHE-Katzen sind nicht gerade die robustesten Zeitgenossen. Und so ist es schon denkbar, daß Sie des öfteren als Krankenpfleger agieren müssen. Die beste Medizin für Ihren vierbeinigen Patienten ist und bleibt ansteckende Fröhlichkeit. Lassen Sie fröhliche Weisen erklingen – Flöten- und Harfenklänge sind besonders gefragt. Falls Sie zu den eher unmusikalischen Menschen zählen, servieren Sie leichte Unterhaltungsmusik. Kaufen Sie Ihrem Schatz ein Yin-und-Yang-Kettchen, das laut uralter chinesischer Weisheit unter anderem neue Lebenskräfte mobilisiert. Ihr übersinnlich angehauchtes Tier nimmt dankbar maunzend Ihre liebevolle, FISCHE-gerechte Fürsorge zur Kenntnis und dürfte so umhegt rasch genesen.

Krankheit und Siechtum sind vergessen, falls Sie den weisen Entschluß fassen, zusammen mit Ihrem Patienten einen Tapetenwechsel vorzunehmen. Schon ein Wochenendtrip kann bei FISCHE-Katzenweibchen und -katern wahre Wunder vollbringen. Entzückt zeigen sich Wasser-Wesen, wenn der Jahresurlaub kurz vor der Tür steht. Ist ihnen doch das Fernweh schon in die kosmische Wiege gelegt. Wohin die Reise auch gehen mag, wasserreiche Regionen gelten als bevorzugte Ziele. Steht Ihnen der Sinn partout nicht nach einem Badeurlaub am Meer oder an malerischen Seen, achten Sie bitte darauf, daß wenigstens ein munteres Gebirgsbächlein oder ein Fluß in der Nähe ist. Obwohl – wie man weiß – Katzen ausgesprochen wasserscheue Kreaturen sind, lieben FISCHE-Katzen das feuchte Element inbrünstig. Sie werden zwar kaum in den Meeresfluten baden, aber verzückt romantische Sonnenuntergänge anstarren, genüßlich die salzige Luft in sich aufsaugen und nicht müde werden, nach vorbeigleitenden Stöckchen und Blättern im rauschenden Wildbach zu tatzen.

HEYNE BÜCHER

HEYNE TASCHENBÜCHER

Humor, Nonsense, Graffiti, Neues von der Szene

01/7902

01/8068

01/6548

01/8088

01/7949

01/6737

01/8074

01/6699

HEYNE RATGEBER

HEYNE BÜCHER

Freizeit – Bücherzeit
Spiel und Spaß bei Hobby und Freizeit

08/9335

08/9215

08/9355

08/9358

08/9346

Spiel & Freizeit

Über alle bei Heyne erschienenen Spiel & Freizeit-Ratgeber informiert ausführlich das Heyne-Gesamtverzeichnis. Sie erhalten es von Ihrer Buchhandlung oder direkt vom Verlag.

Wilhelm Heyne Verlag München